Georg Kaiser

Von morgens bis mitternachts

Ein expressionistisches Stationendrama

Georg Kaiser: Von morgens bis mitternachts. Ein expressionistisches Stationendrama

Entstanden: 1912. Erstdruck: G. Müller, München, 1916. Uraufführung: 28. April 1917, München.

Neuausgabe
Herausgegeben von Karl-Maria Guth
Berlin 2020

Der Text dieser Ausgabe wurde behutsam an die neue deutsche Rechtschreibung angepasst.

Umschlaggestaltung von Thomas Schultz-Overhage unter Verwendung des Bildes: Szene aus dem Stummfilm »Von Morgens bis Mitternachts« von 1920

Gesetzt aus der Minion Pro, 11 pt

Die Sammlung Hofenberg erscheint im
Verlag der Contumax GmbH & Co. KG, Berlin
Herstellung: BoD – Books on Demand, Norderstedt

ISBN 978-3-7437-3452-4

Bibliografische Information der Deutschen Nationalbibliothek

Die Deutsche Nationalbibliothek verzeichnet diese Publikation in der Deutschen Nationalbibliografie; detaillierte bibliografische Daten sind im Internet über www.dnb.de abrufbar.

Personen

Kassierer

Mutter

Frau

Erste,
zweite Tochter

Direktor

Gehilfe

Portier

Erster,
zweiter Herr

Laufjunge

Dienstmädchen

Dame

Sohn

Hotelkellner

Jüdische Herren als Kampfrichter

Erste,
zweite,
dritte,
vierte weibliche Maske

Herren im Frack

Kellner

Mädchen der Heilsarmee

Offiziere und Soldaten der Heilsarmee

Publikum einer Versammlung der Heilsarmee: Kommis, Kokotte, Arbeiter usw.

Schutzmann

Die kleine Stadt W. und die große Stadt B.

Erster Teil

Kleinbankkassenraum. Links Schalteranlage und Tür mit
Aufschrift: Direktor. In der Mitte Tür mit Schild: Zur
Stahlkammer. Ausgangstür rechts hinter Barriere. Daneben
Rohrsofa und Tisch mit Wasserflasche und Glas. Im Schalter
Kassierer und am Pult Gehilfe, schreibend. Im Rohrsofa sitzt der
fette Herr, prustet. Jemand geht rechts hinaus. Am Schalter
Laufjunge sieht ihm nach.

KASSIERER *klopft auf die Schalterplatte.*

LAUFJUNGE *legt rasch seinen Zettel auf die wartende Hand.*

KASSIERER *schreibt, holt Geld unter dem Schalter hervor, zählt sich*
in die Hand – dann auf das Zahlbrett.

LAUFJUNGE *rückt mit dem Zahlbrett auf die Seite und schüttet das*
Geld in einen Leinenbeutel.

HERR *steht auf.* Dann sind wir Dicken an der Reihe. *Er holt einen*
prallen Lederbeutel aus dem Mantelinnern.

> *Dame kommt. Kostbarer Pelz, Geknister von Seide.*

HERR *stutzt.*

DAME *klinkt mit einigem Bemühen die Barriere auf, lächelt unwillkür-*
lich den Herrn an. Endlich.

HERR *verzieht den Mund.*

KASSIERER *klopft ungeduldig.*

DAME *fragende Geste gegen den Herrn.*

HERR *zurückstehend.* Wir Dicken immer zuletzt.

DAME *verneigt sich leicht, tritt an den Schalter.*

KASSIERER *klopft.*

DAME *öffnet ihre Handtasche, entnimmt ein Kuvert und legt es auf*
die Hand des Kassierers. Ich bitte dreitausend.

KASSIERER *dreht und wendet das Kuvert, schiebt es zurück.*

DAME *begreift.* Pardon. *Sie zieht den Brief aus dem Umschlag und*
reicht ihn hin.

KASSIERER *wie vorher.*

DAME *entfaltet noch das Papier.* Dreitausend bitte.

KASSIERER *überfliegt das Papier und legt es dem Gehilfen hin.*

GEHILFE *steht auf und geht aus der Tür mit dem Schild: Direktor.*

HERR *sich wieder im Rohrsofa niederlassend.* Bei mir dauert es länger. Bei uns Dicken dauert es immer etwas länger.

KASSIERER *beschäftigt sich mit Geldzählen.*

DAME. Ich bitte: in Scheinen.

KASSIERER *verharrt gebückt.*

DIREKTOR *jung, kugelrund – mit dem Papier links heraus.* Wer ist – *Er verstummt der Dame gegenüber.*

GEHILFE *schreibt wieder an seinem Pult.*

HERR *laut.* Morgen, Direktor.

DIREKTOR *flüchtig dahin.* Geht's gut?

HERR *sich auf den Bauch klopfend.* Es kugelt sich, Direktor.

DIREKTOR *lacht kurz. Zur Dame.* Sie wollen bei uns abheben?

DAME. Dreitausend.

DIREKTOR. Ja drei – dreitausend würde ich mit Vergnügen auszahlen –

DAME. Ist der Brief nicht in Ordnung?

DIREKTOR *süßlich, wichtig.* Der Brief geht in Ordnung. Über zwölftausend – *Buchstabierend.* Banko –

DAME. Meine Bank in Florenz versicherte mich –

DIREKTOR. Die Bank in Florenz hat Ihnen den Brief richtig ausgestellt.

DAME. Dann begreife ich nicht –

DIREKTOR. Sie haben in Florenz die Ausfertigung dieses Briefes beantragt –

DAME. Allerdings.

DIREKTOR. Zwölftausend – und zahlbar an den Plätzen –

DAME. Die ich auf der Reise berühre.

DIREKTOR. Der Bank in Florenz haben Sie mehrere Unterschriften geben müssen –

DAME. Die an die im Brief bezeichneten Banken geschickt sind, um mich auszuweisen.

DIREKTOR. Wir haben den Avis mit Ihrer Unterschrift nicht bekommen.

HERR *hustet; blinzelt den Direktor an.*

DAME. Dann müsste ich mich gedulden, bis –

DIREKTOR. Irgendwas müssen wir doch in Händen haben!

EIN HERR *winterlich mit Fellmütze und Wollschal vermummt – kommt, stellt sich am Schalter auf. Er schießt wütende Blicke nach der Dame.*

DAME. Darauf bin ich so wenig vorbereitet –

DIREKTOR *plump lachend.* Wir sind noch weniger vorbereitet, nämlich gar nicht!

DAME. Ich brauche so notwendig das Geld!

HERR *im Sofa lacht laut.*

DIREKTOR. Ja, wer brauchte keins?

HERR *im Sofa wiehert.*

DIREKTOR *sich ein Publikum machend.* Ich zum Beispiel – *Zum Herrn am Schalter.* Sie haben wohl mehr Zeit als ich. Sie sehen doch, ich spreche mit der Dame noch. – Ja, gnädige Frau, wie haben Sie sich das gedacht? Soll ich Ihnen auszahlen – auf Ihre –

HERR *im Sofa kichert.*

DAME *rasch.* Ich wohne im Elefant.

HERR *im Sofa prustet.*

DIREKTOR. Ihre Adresse erfahre ich mit Vergnügen, gnädige Frau. Im Elefant verkehre ich am Stammtisch.

DAME. Kann der Besitzer mich nicht legitimieren?

DIREKTOR. Kennt Sie der Wirt schon näher?

HERR *im Sofa amüsiert sich köstlich.*

DAME. Ich habe mein Gepäck im Hotel.

DIREKTOR. Soll ich Koffer und Köfferchen auf seinen Inhalt untersuchen?

DAME. Ich bin in der fatalsten Situation.

DIREKTOR. Dann reichen wir uns die Hände: Sie sind nicht in der Lage – ich bin nicht in der Lage. Das ist die Lage. *Er gibt ihr das Papier zurück.*

DAME. Was raten Sie mir nun zu tun?

DIREKTOR. Unser Städtchen ist doch ein nettes Nest – der Elefant ein renommiertes Haus – die Gegend hat Umgegend – Sie machen diese oder jene angenehme Bekanntschaften – und die Zeit geht hin – mal Tag, mal Nacht – wie sich's macht.

DAME. Es kommt mir hier auf einige Tage nicht an.

DIREKTOR. Die Gesellschaft im Elefant wird sich freuen, etwas bei-
zutragen.

DAME. Nur heute liegt es mir dringend an dreitausend!

DIREKTOR *zum Herrn im Sofa.* Bürgt jemand hier für eine Dame
aus der Fremde auf dreitausend?

DAME. Das könnte ich wohl nicht annehmen. Darf ich bitten, mir
sofort, wenn die Bestätigung von Florenz eintrifft, telefonisch Mitteilung zu machen. Ich bleibe im Elefant auf meinem Zimmer.

DIREKTOR. Persönlich – wie gnädige Frau es wünschen!

DAME. Wie ich am raschesten benachrichtigt werde. *Sie schiebt das
Papier in das Kuvert und steckt es in die Tasche.* Ich spreche am
Nachmittag noch selbst vor.

DIREKTOR. Ich stehe zur Verfügung.

DAME *grüßt kurz, ab.*

HERR *am Schalter rückt vor und knallt in der Faust einen zerknüllten
Zettel auf die Platte.*

DIREKTOR *ohne davon Notiz zu nehmen, sieht belustigt nach dem
Herrn im Sofa.*

HERR *im Sofa zieht die Luft ein.*

DIREKTOR *lacht.* Sämtliche Wohlgerüche Italiens – aus der Parfüm-
flasche.

HERR *im Sofa fächelt sich mit der flachen Hand.*

DIREKTOR. Das macht heiß, was?

HERR *im Sofa, gießt sich Wasser in ein Glas.* Dreitausend ist ein
bisschen hastig. *Er trinkt.* Dreihundert klappern auch nicht schlecht.

DIREKTOR. Vielleicht machen Sie billigere Offerte – im Elefant, auf
dem Zimmer?

HERR *im Sofa.* Für uns Dicke ist das nichts.

DIREKTOR. Wir sind mit unserm moralischen Bauch gesetzlich ge-
schützt.

HERR *am Schalter knallt zum zweiten Mal die Faust auf die Platte.*

DIREKTOR *gleichmütig.* Was haben Sie denn? *Er glättet den Zettel
und reicht ihn dem Kassierer hin.*

LAUFJUNGE *hatte die Dame angegafft, dann die Sprechenden – ver-
fehlt die Barriere und rennt gegen den Herrn im Sofa.*

HERR *im Sofa nimmt ihm den Beutel weg.* Ja, mein Junge, das kostet
was – schöne Mädchen angaffen. Jetzt bist du deinen Beutel los.

LAUFJUNGE *lacht ihn verlegen an.*
HERR. Was machst du denn nun, wenn du nach Hause kommst?
LAUFJUNGE *lacht.*
HERR *gibt ihm den Beutel wieder.* Merk' dir das für dein Leben. Du bist der erste nicht, dem die Augen durchgehen – und der ganze Mensch rollt nach.
LAUFJUNGE *ab.*
KASSIERER *hat einige Münzen aufgezählt.*
DIREKTOR. Solch einem Schlingel vertraut man nun Geld an.
HERR *im Sofa.* Dummheit straft sich selbst.
DIREKTOR. Dass ein Chef nicht den Blick dafür hat. So was brennt doch bei der ersten Gelegenheit, die sich bietet, aus. Der geborene Defraudant. *Zum Herrn am Schalter.* Stimmt es nicht?
HERR *prüft jedes Geldstück.*
DIREKTOR. Das ist ein Fünfundzwanzigpfennigstück. Das sind zusammen fünfundvierzig Pfennig, mehr hatten Sie doch nicht zu verlangen?
HERR *steckt umständlich ein.*
HERR *im Sofa.* Deponieren Sie doch Ihr Kapital in der Stahlkammer!
– Nun wollen wir Dicken mal abladen.
HERR *am Schalter rechts ab.*
DIREKTOR. Was bringen Sie uns denn?
HERR *legt den Lederbeutel auf die Platte und holt eine Brieftasche heraus.* Soll man kein Vertrauen zu Ihnen kriegen mit Ihrer feinen Kundschaft? *Er reicht ihm die Hand.*
DIREKTOR. Jedenfalls sind wir für schöne Augen in Geschäftssachen unempfänglich.
HERR *sein Geld aufzählend.* Wie alt war sie? Taxe.
DIREKTOR. Ohne Schminke habe ich sie noch nicht gesehen.
HERR. Was will die denn hier?
DIREKTOR. Das werden wir ja heute Abend im Elefant hören.
HERR. Wer käme denn da in Betracht?
DIREKTOR. In Betracht könnten wir schließlich alle noch kommen!
HERR. Wozu braucht sie denn hier dreitausend Mark?
DIREKTOR. Sie muss sie wohl brauchen.
HERR. Ich wünsche ihr den besten Erfolg.
DIREKTOR. Womit?

HERR. Dass sie ihre Dreitausend kapert.

DIREKTOR. Von mir?

HERR. Von wem ist ja nebensächlich.

DIREKTOR. Ich bin neugierig, wann die Nachricht von der Bank in Florenz kommt.

HERR. Ob sie kommt!

DIREKTOR. Ob sie kommt – darauf bin ich allerdings noch gespannter!

HERR. Wir können ja sammeln und ihr aus der Verlegenheit helfen.

DIREKTOR. Auf Ähnliches wird es wohl abgesehen sein.

HERR. Wem erzählen Sie das?

DIREKTOR *lacht.* Haben Sie in der Lotterie gewonnen?

HERR *zum Kassierer.* Nehmen Sie mir mal ab. *Zum Direktor.* Ob wir draußen unser Geld haben oder bei Ihnen verzinsen – richten Sie mal ein Konto für den Bauverein ein.

DIREKTOR *scharf zum Gehilfen.* Konto für Bauverein.

HERR. Es kommt noch mehr.

DIREKTOR. Immer herein, meine Herrschaften. Wir können gerade gebrauchen.

HERR. Also: sechzigtausend – fünfzig Mille Papier – zehn Mille Gold.

KASSIERER *zählt.*

DIREKTOR *nach einer Pause.* Sonst geht's noch gut?

HERR *zum Kassierer.* Jawohl, der Schein ist geflickt.

DIREKTOR. Wir nehmen ihn selbstverständlich. Wir werden ihn wieder los. Ich reserviere ihn für unsere Kundin aus Florenz. Sie trug ja auch Schönheitspflästerchen.

HERR. Es stecken aber tausend Mark dahinter.

DIREKTOR. Liebhaberwert.

HERR *unbändig lachend.* Liebhaberwert – das ist kolossal.

DIREKTOR *unter Tränen.* Liebhaberwert – *Er gibt ihm die Quittung des Kassierers.* Ihre Quittung. *Erstickend.* Sechzig – tau – –

HERR *nimmt, liest sie, ebenso.* Sechzig – tau – –

DIREKTOR. Liebhaber –

HERR. Lieb – –

Sie reichen sich die Hände.

DIREKTOR. Wir sehen uns heute Abend.

HERR *nickend.* Liebhaber – *Er knöpft seinen Mantel, kopfschüttelnd ab.*

DIREKTOR *steht noch, wischt sich die Tränen hinter dem Kneifer. Dann links hinein.*

KASSIERER *bündelt die zuletzt erhaltenen Scheine und rollt die Münzen.*

DIREKTOR *kommt zurück.* Diese Dame aus Florenz – die aus Florenz kommen will – ist Ihnen schon einmal eine Erscheinung wie diese vorm Schalter aufgetaucht? Pelz – parfümiert. Das riecht nachträglich, man zieht mit der Luft Abenteuer ein! – – Das ist die große Aufmachung. Italien, das wirkt verblüffend – märchenhaft. Riviera – Mentone – Bordighera – Nizza – Monte Carlo! Ja, wo Orangen blühen, da blüht auch der Schwindel. Von Schwindel ist da unten kein Quadratmeter Erdboden frei. Dort wird der Raubzug arrangiert. Die Gesellschaft verstreut sich in alle Winde. Nach den kleineren Plätzen – abseits der großen Heerstraße – schlägt man sich am liebsten. Dann schäumend in Pelz und Seide. Weiber! Das sind die modernen Sirenen. Singsang vom blauen Süden – o bella Napoli. Verfänglicher Augenaufschlag – und man ist geplündert bis auf das Netzhemd. Bis auf die nackte Haut – die nackte, nackte Haut!

Er trommelt mit seinem Bleistift dem Kassierer den Rücken.

Ich zweifle keinen Augenblick, dass die Bank in Florenz, die den Brief ausgestellt hat, so wenig von dem Brief etwas weiß – wie der Papst den Mond bewohnt. Das Ganze ist Schwindel, von langer Hand vorbereitet. Und seine Urheber sitzen nicht in Florenz, sondern Monte Carlo! Das kommt zuerst infrage. Verlassen Sie sich drauf. Wir haben hier eine jener Existenzen gesehen, die im Sumpf des Spielpalastes gedeihen. Und ich gebe mein zweites Wort darauf, dass wir sie nicht wiedersehen. Der erste Versuch ist missglückt, die Person wird sich vor dem zweiten hüten! – Wenn ich auch meine Späße mache – dabei bin ich scharfäugig. Wir vom Bankgeschäft! – Ich hätte eigentlich unserm Polizeileutnant Werde einen Wink geben sollen! – Es geht mich ja weiter nichts an. Schließlich ist die Bank zu Stillschweigen verpflichtet.

An der Tür.

Verfolgen Sie mal in den auswärtigen Zeitungen: Wenn Sie von einer Hochstaplerin lesen, die hinter Schloss und Riegel sichergesetzt ist, dann wollen wir uns wieder sprechen. Dann werden Sie mir recht geben. Dann werden wir von unserer Freundin aus Florenz mehr hören – als wir heute oder morgen hier wieder von ihrem Pelz zu sehen bekommen!

Ab.

KASSIERER *siegelt Rollen.*

PORTIER *mit Briefen von rechts, sie dem Gehilfen reichend.* Eine Quittung für eine Einschreibesendung bekomme ich wieder.

GEHILFE *stempelt den Zettel, gibt ihn an den Portier.*

PORTIER *stellt noch Glas und Wasserflasche auf dem Tisch zurecht. Ab.*

GEHILFE *trägt die Briefe in das Direktorzimmer – kommt wieder.*

DAME *kehrt zurück; rasch an den Schalter.* Ach Pardon.

KASSIERER *streckt die flache Hand hin.*

DAME *stärker.* Pardon.

KASSIERER *klopft.*

DAME. Ich möchte den Herrn Direktor nicht noch mal stören.

KASSIERER *klopft.*

DAME *in Verzweiflung lächelnd.* Hören Sie bitte, ist das nicht möglich: Ich hinterlasse der Bank den Brief über den ganzen Betrag und empfange einen Vorschuss von dreitausend?

KASSIERER *klopft ungeduldig.*

DAME. Ich bin eventuell bereit, meine Brillanten als Unterpfand auszuhändigen. Die Steine wird Ihnen jeder Juwelier in der Stadt abschätzen.

Sie streift einen Handschuh ab und nestelt am Armband.

DIENSTMÄDCHEN *rasch von rechts, setzt sich ins Rohrsofa und sucht, alles auswühlend, im Marktkorb.*

DAME *hat sich schwach erschreckend umgedreht: Sich aufstützend sinkt ihre Hand auf die Hand des Kassierers.*

12

KASSIERER *dreht sich über die Hand in seiner Hand. Jetzt ranken seine Brillenscheiben am Handgelenk aufwärts.*

DIENSTMÄDCHEN *findet aufatmend den Schein.*

DAME *nickt hin.*

DIENSTMÄDCHEN *ordnet im Korb.*

DAME *sich dem Kassierer zuwendend – trifft in sein Gesicht.*

KASSIERER *lächelt.*

DAME *zieht ihre Hand zurück.* Ich will die Bank nicht zu Leistungen veranlassen, die sie nicht verantworten kann.

> *Sie legt das Armband an, müht sich an der Schließe. Dem Kassierer den Arm hinstreckend.*

Würden Sie die Freundlichkeit haben – ich bin nicht geschickt genug mit einer Hand nur.

KASSIERER *Büsche des Bartes wogen – Brille sinkt in blühende Höhlen eröffneter Augen.*

DAME *zum Dienstmädchen.* Sie helfen mir, Fräulein.

DIENSTMÄDCHEN *tut es.*

DAME. Noch die Sicherheitskette. *Mit einem kleinen Schrei.* Sie stechen ja in mein offenes Fleisch. So hält es. Vielen Dank, Fräulein.

> *Sie grüßt noch den Kassierer. Ab.*

DIENSTMÄDCHEN *am Schalter, legt ihren Schein hin.*

KASSIERER *greift ihn in wehenden Händen. Lange sucht er unter der Platte. Dann zahlt er aus.*

DIENSTMÄDCHEN *sieht das aufgezählte Geld an; dann zum Kassierer.* Das bekomme ich doch nicht?

KASSIERER *schreibt.*

GEHILFE *wird aufmerksam.*

DIENSTMÄDCHEN *zum Gehilfen.* Es ist doch mehr.

GEHILFE *sieht zum Kassierer.*

KASSIERER *streicht einen Teil wieder ein.*

DIENSTMÄDCHEN. Immer noch zu viel!

KASSIERER *schreibt.*

DIENSTMÄDCHEN *steckt kopfschüttelnd das Geld in den Korb. Ab.*

KASSIERER *durch Heiserkeit sträubt sich der Laut herauf.* Holen Sie – Glas Wasser!

GEHILFE *geht aus dem Schalter zum Tisch.*

KASSIERER. Das ist abgestanden. Frisches – von der Leitung.

GEHILFE *geht mit dem Glas in die Stahlkammer.*

KASSIERER *behände nach einem Klingelknopf – drückt.*

PORTIER *kommt.*

KASSIERER. Holen Sie frisches Wasser.

PORTIER. Ich darf nicht von der Tür draußen weg.

KASSIERER. Für mich. Das ist Jauche. Ich will Wasser von der Leitung.

PORTIER *mit der Wasserflasche in die Stahlkammer.*

KASSIERER *stopft mit schnellen Griffen die zuletzt gehäuften Scheine und Geldrollen in seine Taschen. Dann nimmt er den Mantel vom Haken, wirft ihn über den Arm. Noch den Hut. Er verlässt den Schalter – und geht rechts ab.*

DIREKTOR *in einen Brief vertieft links herein.* Da ist ja die Bestätigung von Florenz eingetroffen!

GEHILFE *mit dem Glas Wasser aus der Stahlkammer.*

PORTIER *mit der Wasserflasche aus der Stahlkammer.*

DIREKTOR *bei ihrem Anblick.* Zum Donnerwetter, was heißt denn das?

Hotelschreibzimmer. Hinten Glastür. Links Schreibtisch mit Telefonapparat. Rechts Sofa, Sessel mit Tisch mit Zeitschriften usw.

DAME *schreibt.*

SOHN *in Hut und Mantel kommt – im Arm großen flachen Gegenstand in ein Tuch gehüllt.*

DAME *überrascht.* Du hast es?

SOHN. Unten sitzt der Weinhändler. Der schnurrige Kopf beargwöhnt mich, ich brenne ihm aus.

DAME. Am Morgen war er doch froh, es loszuwerden.

SOHN. Jetzt wittert er wohl allerhand.

DAME. Du wirst ihn aufmerksam gemacht haben.

SOHN. Ich habe mich ein bisschen gefreut.

DAME. Das muss Blinde sehend machen!

SOHN. Sie sollen auch die Augen aufreißen. Aber beruhige dich, Mama, der Preis ist derselbe wie am Morgen.

DAME. Wartet der Weinhändler?

SOHN. Den lassen wir warten.

DAME. Ich muss dir leider mitteilen –

SOHN *küsst sie.* Also Stille. Feierliche Stille. Du blickst erst hin, wenn ich dich dazu auffordere.

Er wirft Hut und Mantel ab, stellt das Bild auf einen Sessel und lüftet das Tuch.

DAME. Noch nicht?

SOHN *sehr leise.* Mama.

DAME *dreht sich im Stuhl um.*

SOHN *kommt zu ihr, legt seinen Arm um ihre Schultern.* Nun?

DAME. Das ist allerdings nicht für eine Weinstube!

SOHN. Es hing auch gegen die Wand gedreht. Auf die Rückseite hatte der Mann seine Fotografie gepappt.

DAME. Hast du die mitgekauft?

SOHN *lacht.* Wie findest du es?

DAME. Ich finde es – sehr naiv.

SOHN. Köstlich – nicht wahr? Für einen Cranach fabelhaft.

DAME. Willst du es als Bild so hochschätzen?

SOHN. Als Bild selbstverständlich! Aber daneben das Merkwürdige der Darstellung. Für Cranach – und für die Behandlung des Gegenstandes in der gesamten Kunst überhaupt. Wo findest du das? Pitti – Uffizien – die Vatikanischen? Der Louvre ist ja ganz schwach darin. Wir haben hier zweifellos die erste und einzige erotische Figuration des ersten Menschenpaares. Hier liegt noch der Apfel im Gras – aus dem unsäglichen Laubgrün lugt die Schlange – der Vorgang spielt sich also im Paradies selbst ab und nicht nach der Verstoßung. Das ist der wirkliche Sündenfall! – Ein Unikum. Cranach hat ja Dutzend Adam und Eva gemalt – steif – mit dem Zweige in der Mitte – und vor allem die zwei getrennt. Es heißt da: Sie erkannten sich. Hier jubelt zum ersten Mal die selige Menschheitsverkündung auf: Sie liebten sich! Hier zeigt sich ein deutscher Meister als Erotiker von südlichster, allersüdlichster Emphatik!

Vor dem Bild.

Dabei diese Beherrschtheit noch in der Ekstase. Diese Linie des männlichen Armes, die die weibliche Hüfte überschneidet. Die Horizontale der unten gelagerten Schenkel und die Schräge des andern Schenkelpaares. Das ermüdet das Auge keinen Moment. Das erzeugt Liebe im Hinsehen – der Fleischton leistet natürlich die wertvollste Hilfe. Geht es dir nicht ebenso?

DAME. Du bist wie dein Bild naiv.

SOHN. Was meinst du damit?

DAME. Ich bitte dich, das Bild im Hotel in deinem Zimmer zu verbergen.

SOHN. Zu Hause wird es ja erst mächtig auf mich wirken. Florenz und dieser Cranach. Der Abschluss meines Buches wird natürlich weit hinausgeschoben. Das muss verarbeitet sein. Das muss aus eigenem Fleisch und Blut zurückströmen, sonst versündigt sich der Kunsthistoriker. Augenblicklich fühle ich mich ziemlich erschlagen.
  – Auf der ersten Station dieser Reise das Bild zu finden!

DAME. Du vermutetest es doch mit Sicherheit.

SOHN. Aber vor dem Ereignis steht man doch geblendet. Ist es nicht zum Verrücktwerden? Mama, ich bin ein Glücksmensch!

DAME. Du ziehst die Resultate aus deinen eingehenden Studien.

SOHN. Und ohne deine Hilfe? Ohne deine Güte?

DAME. Ich finde mein Glück mit dir darin.

SOHN. Du übst endlose Nachsicht mit mir. Ich reiße dich aus deinem schönen, ruhigen Leben in Fiesole. Du bist Italienerin, ich hetze dich durch Deutschland mitten im Winter. Du übernachtest im Schlafwagen – Hotels zweiter, dritter Güte – schlägst dich mit allerhand Leuten herum –

DAME. Das habe ich allerdings reichlich gekostet!

SOHN. Ich verspreche dir, mich zu beeilen. Ich bin ja selbst ungeduldig, den Schatz in Sicherheit zu bringen. Um drei reisen wir. Willst du mir die Dreitausend geben?

DAME. Ich habe sie nicht.

SOHN. Der Besitzer des Bildes ist im Hotel.

DAME. Die Bank konnte sie mir nicht auszahlen. Von Florenz muss sich die Benachrichtigung verzögert haben.

16

SOHN. Ich habe die Bezahlung zugesagt.

DAME. Dann musst du ihm das Bild wieder ausliefern, bis die Bank Auftrag erhält.

SOHN. Lässt sich das nicht beschleunigen?

DAME. Ich habe hier ein Telegramm aufgesetzt, dass ich jetzt besorgen lasse. Wir sind ja schnell gereist –

KELLNER *klopft an.*

DAME. Bitte.

KELLNER. Ein Herr von der Bank wünscht gnädige Frau zu sprechen.

DAME *zum Sohn.* Da wird mir das Geld schon ins Hotel geschickt. *Zum Kellner.* Ich bitte.

KELLNER *ab.*

SOHN. Du rufst mich, wenn du mir das Geld geben kannst. Ich lasse den Mann nicht gern wieder aus dem Hotel gehen.

DAME. Ich telefoniere dir.

SOHN. Ich sitze unten. *Ab.*

DAME *schließt die Schreibmappe.*

Kellner und Kassierer erscheinen hinter der Glastür. Kassierer überholt den Kellner, öffnet; Kellner kehrt um, ab.

KASSIERER *noch Mantel überm Arm – tritt ein.*

DAME *zeigt nach einem Sessel und setzt sich ins Sofa.*

KASSIERER *den Mantel bei sich, auf dem Sessel.*

DAME. Bei der Bank ist –

KASSIERER *sieht das Bild.*

DAME. Dies Bild steht in enger Beziehung zu meinem Besuch auf der Bank.

KASSIERER. Sie?

DAME. Entdecken Sie Ähnlichkeiten?

KASSIERER *lächelnd.* Am Handgelenk!

DAME. Sind Sie Kenner?

KASSIERER. Ich wünsche – mehr kennenzulernen!

DAME. Interessieren Sie diese Bilder?

KASSIERER. Ich bin im Bilde!

DAME. Finden sich noch Stücke bei Besitzern in der Stadt? Sie würden mir einen Dienst erweisen. Das ist mir ja wichtiger – so wichtig wie das Geld!

KASSIERER. Geld habe ich.

DAME. Am Ende wird die Summe nicht genügen, über die ich meinen Brief ausstellen ließ.

KASSIERER *packt die Scheine und Rollen aus.* Das ist genug!

DAME. Ich kann nur zwölftausend erheben.

KASSIERER. Sechzigtausend!

DAME. Auf welche Weise?

KASSIERER. Meine Angelegenheit.

DAME. Wie soll ich –?

KASSIERER. Wir reisen.

DAME. Wohin?

KASSIERER. Über die Grenze. Packen Sie Ihren Koffer – wenn Sie einen haben. Sie reisen vom Bahnhof ab – ich laufe bis zur nächsten Station zu Fuß und steige zu. Wir logieren zum ersten Male – – Kursbuch? *Er findet es auf dem Tische.*

DAME. Bringen Sie mir denn von der Bank über dreitausend?

KASSIERER *beschäftigt.* Ich habe sechzigtausend eingesteckt. Fünfzigtausend in Scheinen – zehntausend in Gold.

DAME. Davon gehören mir –?

KASSIERER *bricht eine Rolle auf und zählt fachmännisch die Stücke in eine Hand vor, dann auf den Tisch hin.* Nehmen Sie. Stecken Sie fort. Wir könnten belauscht sein. Die Tür hat Glasscheiben. Fünfhundert in Gold.

DAME. Fünfhundert?

KASSIERER. Später mehr. Wenn wir in Sicherheit sind. Hier dürfen wir nichts sehen lassen. Vorwärts. Einkassiert. Für Zärtlichkeiten ist diese Stunde nicht geeignet, sie dreht rasend ihre Speichen, in denen jeder Arm zermalmt wird, der eingreift! *Er springt auf.*

DAME. Ich brauche dreitausend.

KASSIERER. Wenn sie die Polizei in Ihrer Tasche findet, sind Sie hinter Schloss und Riegel gesetzt!

DAME. Was geht es die Polizei an?

KASSIERER. Sie erfüllten den Kassenraum. An Sie hakt sich der Verdacht, und unsere Verkettung liegt zutage.

DAME. Ich betrat den Kassenraum –

KASSIERER. Unverfroren.

DAME. Ich forderte –

KASSIERER. Sie versuchten.

DAME. Ich suchte –

KASSIERER. – die Bank zu prellen, als Sie Ihren gefälschten Brief präsentierten.

DAME *aus ihrer Handtasche den Brief nehmend.* Dieser Brief ist nicht echt?

KASSIERER. So unecht wie Ihre Brillanten.

DAME. Ich bot meine Wertsachen als Pfand an. Warum sind meine Pretiosen Imitationen?

KASSIERER. Damen Ihres Schlages blenden nur.

DAME. Von welchem Schlage bin ich denn? Schwarzhaarig – mein Teint ist dunkel. Ich bin südlicher Schlag. Toskana.

KASSIERER. Monte Carlo!

DAME *lächelt.* Nein, Florenz!

KASSIERER *sein Blick stürzt auf Hut und Mantel des Sohnes.* Komme ich zu spät?

DAME. Zu spät?

KASSIERER. Wo ist er? Ich werde mit ihm verhandeln. Er wird mit sich handeln lassen. Ich habe Mittel. Wie viel soll ich ihm bieten? Wie hoch veranschlagen Sie die Entschädigung? Wie viel stopfe ich ihm in die Tasche? Ich steigere bis zu fünfzehntausend! – Schläft er? Rekelt er sich im Bett? Wo ist Euer Zimmer? Zwanzigtausend – fünftausend mehr für unverzögerten Abstand! *Er rafft Hut und Mantel vom Sessel.* Ich bringe ihm seine Sachen.

DAME *verwundert.* Der Herr sitzt im Vestibül.

KASSIERER. Das ist zu gefährlich. Es ist belebt unten. Rufen Sie ihn herauf. Ich setze ihn hier matt. Klingeln Sie. Der Kellner soll fliegen. Zwanzigtausend – in Scheinen! *Er zählt auf.*

DAME. Kann mein Sohn mich legitimieren?

KASSIERER *prallt zurück.* Ihr – – Sohn?!

DAME. Ich reise mit ihm. Ich begleite ihn auf einer Studienreise, die uns von Florenz nach Deutschland führt. Mein Sohn sucht Material für sein kunsthistorisches Werk.

KASSIERER *starrt sie an.* – – Sohn?!

DAME. Ist das so ungeheuerlich?

KASSIERER *wirr.* Dies – – Bild?!

DAME. Ist sein glücklicher Fund. Mit dreitausend bezahlt es mein Sohn. Das sind die von mir sehnlich gewünschten Dreitausend. Ein Weingroßhändler – den Sie ja kennen werden, wenn Sie seinen Namen hören – überlässt es ihm zu diesem Preis.

KASSIERER. – – Pelz – – Seide – – es schillerte und knisterte – – die Luft wogte von allen Parfümen!

DAME. Es ist Winter. Ich trage nach meinen Begriffen keine besondere Kleidung.

KASSIERER. Der falsche Brief?!

DAME. Ich bin im Begriff, an meine Bank zu depeschieren!

KASSIERER. Ihr Handgelenk nackt – – um das ich die Kette ranken sollte?!

DAME. Die linke Hand allein ist ungeschickt.

KASSIERER *dumpf*. Ich habe – – das Geld eingesteckt – – – –

DAME *belustigt*. Sind Sie und die Polizei nun zufrieden? Mein Sohn ist wissenschaftlich nicht unbekannt.

KASSIERER. Jetzt – – in diesem Moment werde ich vermisst. Ich hatte Wasser für mich bestellt, um den Gehilfen zu entfernen – zweimal Wasser, um die Tür vom Portier zu entblößen. Die Noten und Rollen sind verschwunden. Ich habe defraudiert! – – Ich darf mich nicht in den Straßen – auf dem Markt sehen lassen. Ich darf den Bahnhof nicht betreten. Die Polizei ist auf den Beinen. Sechzigtausend! – – Ich muss übers Feld – quer durch den Schnee, bevor die Gendarmen alarmiert sind!

DAME *entsetzt*. Schweigen Sie doch!

KASSIERER. Ich habe alles Geld eingesteckt – – Sie erfüllten den Kassenraum – – Sie schillerten und knisterten – – Sie senkten Ihre nackte Hand in meine – – Sie rochen heiß – – Ihr Mund roch – –

DAME. Ich bin eine Dame!

KASSIERER *stier*. Jetzt müssen Sie doch – –!!

DAME *sich bezwingend*. Sind Sie verheiratet? *Auf seine schwingende Geste:* Ich meine, das gilt sehr viel. Wenn ich es nicht überhaupt als einen Scherz auffassen soll. Sie haben sich zu einer unüberlegten Handlung hinreißen lassen. Sie reparieren den Schaden. Sie kehren in Ihren Schalter zurück und schützen ein momentanes Unwohlsein vor. Sie haben den vollen Betrag noch bei sich?

KASSIERER. Ich habe mich an der Kasse vergriffen –

DAME *schroff.* Das interessiert mich dann nicht weiter.

KASSIERER. Ich habe die Bank geplündert –

DAME. Sie belästigen mich, mein Herr.

KASSIERER. Jetzt müssen Sie – –

DAME. Was ich müsste –

KASSIERER. Jetzt müssen Sie doch!!

DAME. Lächerlich.

KASSIERER. Ich habe geraubt, gestohlen. Ich habe mich ausgeliefert
– ich habe meine Existenz vernichtet – alle Brücken sind gesprengt
– ich bin ein Dieb – Räuber – – *Über den Tisch geworfen.* Jetzt
müssen Sie doch – – jetzt müssen Sie doch!!!

DAME. Ich werde Ihnen meinen Sohn rufen, vielleicht – –

KASSIERER *verändert, agil.* Jemanden rufen? Allerweltsleute rufen?
Alarm schlagen? Großartig! – Dumm. Plump. Mich fangen sie
nicht ein. In die Falle trete ich nicht. Ich habe meinen Witz, meine
Herrschaften. Euer Witz tappt hinterher – ich immer zehn Kilome-
ter voraus. Rühren Sie sich nicht. Stillgesessen, bis ich – *Er steckt
das Geld ein, drückt den Hut ins Gesicht, presst den Mantel auf die
Brust.* Bis ich –

Behände geräuschlos durch die Glastür ab.

DAME *steht verwirrt.*

SOHN *kommt.* Der Herr von der Bank ging aus dem Hotel. Du bist
erregt, Mama. Ist das Geld –

DAME. Die Unterhaltung hat mich angestrengt. Geldsachen, Jungchen.
Du weißt, es reizt mich immer etwas.

SOHN. Sind Schwierigkeiten entstanden, die die Auszahlung wieder
aufhalten?

DAME. Ich müsste es dir vielleicht doch sagen –

SOHN. Muss ich das Bild zurückgeben?

DAME. An das Bild denke ich nicht.

SOHN. Das geht uns doch am meisten an.

DAME. Ich glaube, ich muss sogleich eine Anzeige erstatten.

SOHN. Was für eine Anzeige?

DAME. Die Depesche besorge. Ich muss unter allen Umständen von
meiner Bank eine Bestätigung in Händen haben.

SOHN. Genügt dein Bankbrief nicht?

DAME. Nein. Nicht ganz. Geh nach dem Telegrafenamt. Ich möchte den Portier nicht mit der offenen Depesche schicken.
SOHN. Und wann kommt nun das Geld?

Das Telefon schrillt.

DAME. Da werde ich schon angerufen.

Am Apparat.

Ist eingetroffen. Ich soll selbst abheben. Gern. Aber bitte, Herr Direktor. Ich bin gar nicht aufgebracht. Florenz ist weit. Ja, die Post in Italien. Wie? Warum? Wie? Ja, warum? Ach so – via Berlin, das ist allerdings ein großer Umweg. – Mit keinem Gedanken. Danke, Herr Direktor. In zehn Minuten. Adieu.

Zum Sohn.

Erledigt, Junge. Meine Depesche ist überflüssig geworden.

Sie zerreißt das Formular.

Du hast dein Bild. Dein Weinhändler begleitet uns. Er nimmt auf der Bank den Betrag in Empfang. Verpacke deinen Schatz. Von der Bank fahren wir zum Bahnhof.

Telefonierend, während Sohn das Bild verhüllt.

Ich bitte um die Rechnung. Zimmer vierzehn und sechzehn. Sehr eilig. Bitte.

Verschneites Feld mit Baum mit tiefreichender Astwirrnis.
Blauschattende Sonne.

KASSIERER *kommt, rückwärts gehend. Er schaufelt mit den Händen seine Spur zu. Sich aufrichtend.* Solch ein Mensch ist doch ein Wunderwerk. Der Mechanismus klappt in Scharnieren – lautlos. Plötzlich sind Fähigkeiten ermittelt und mit Schwung tätig. Wie gebärden sich meine Hände? Wo haben sie Schnee geschippt? Jetzt wuchten sie die Massen, dass die Flocken stäuben. Überdies ist meine Spur über das Schneefeld wirkungsvoll verwischt. Erzielt ist ein undurchsichtiges Inkognito!

Er streift die erweichten Manschetten ab.

Nässe und Frost begünstigen scharfe Erkältungen. Unversehens bricht Fieber aus und beeinflusst die Entschlüsse. Man verliert die Kontrolle über seine Handlungen, und aufs Krankenbett geworfen, ist man geliefert!

Er knöpft die Knöpfe heraus und schleudert die Manschetten weg.

Ausgedient. Da liegt. Ihr werdet in der Wäsche fehlen. Das Lamento plärrt durch die Küche: Ein Paar Manschetten fehlt. Katastrophe im Waschkessel. Weltuntergang!

Er sammelt die Manschetten wieder auf und stopft sie in die Manteltaschen.

Toll: Da arbeitet mein Witz schon wieder. Mit unfehlbarer Sicherheit. Ich quäle mich mit dem zerstampften Schnee ab und verrate mich mit zwei leichtsinnig verschleuderten Wäschestücken. Meist ist es eine Kleinigkeit – ein Versehen – eine Flüchtigkeit, die den Täter feststellt. Hopla!

Er sucht sich einen bequemen Sitz in einer Astgabel.

Ich bin doch neugierig. Meine Spannung ist gewaltig geschwollen. Ich habe Grund, mich auf die wichtigsten Entdeckungen gefasst zu machen. Im Fluge gewonnene Erfahrungen stehen mir zur Seite. Am Morgen noch erprobter Beamter. Man vertraut mir runde Vermögen an, der Bauverein deponiert Riesensummen. Mittags ein durchtriebener Halunke. Mit allen Wassern gewaschen. Die Technik der Flucht bis in die Details durchgebildet. Das Ding gedreht und hin. Fabelhafte Leistung. Und der Tag erst zur Hälfte bezwungen!

Er stützt das Kinn auf die Faustrücken.

Ich bin bereit, jedem Vorfall eine offene Brust zu bieten. Ich besitze untrügliche Zeichen, keinem Anspruch die Antwort schuldig zu bleiben. Ich bin auf dem Marsche – Umkehr findet nicht statt. Ich marschiere – also ohne viel Federlesen heraus mit den Trümpfen. Ich habe sechzigtausend auf die Karte gesetzt – und erwarte den

Trumpf. Ich spiele zu hoch, um zu verlieren. Keine Flausen – auf-gedeckt und heda! Verstanden?

Er lacht ein krächzendes Gelächter.

Jetzt müssen Sie, schöne Dame. Ihr Stichwort, seidene Dame. Bringen Sie es doch, schillernde Dame, Sie lassen ja die Szene unter den Tisch fallen. Dummes Luder. Und so was spielt Komödie. Kommt euren natürlichen Verpflichtungen nach, zeugt Kinder – und belästigt nicht die Souffleuse! Verzeihung, Sie haben ja einen Sohn. Sie sind vollständig legitimiert. Ich liquidiere meine Verdäch-tigungen. Leben Sie wohl und grüßen Sie den Direktor. Seine Kalbsaugen werden Sie mit einem eklen Schleim bestreichen, aber machen Sie sich nichts draus. Der Mann ist um sechzigtausend geprellt, der Bauverein wird ihm das Dach neu beschindeln. Das klappert erbärmlich. Ich entbinde Sie aller Verpflichtungen gegen mich, Sie sind entlassen, Sie können gehen. – Halt! Nehmen Sie meinen Dank auf den Weg – in die Eisenbahn! – Was? Keine Ur-sache? – Ich denke, bedeutende! Nicht der Rede wert? – Sie scherzen, Ihr Schuldner! Wieso? – Ich verdanke Ihnen das Leben! – Um Himmels willen! – Ich übertreibe! Mich haben Sie, knisternd, aufgelockert. Ein Sprung hinter Sie drein stellt mich in den Brennpunkt unerhörter Geschehnisse. Und mit der Fracht in der Brusttasche zahle ich alle Begünstigungen bar!

Mit einer nachlässigen Geste.

Verduften Sie jetzt, Sie sind bereits überboten und können bei be-schränkten Mitteln – ziehen Sie sich Ihren Sohn zu Gemüte – auf keinen Zuschlag hoffen!

Er holt das Banknotenbündel aus der Tasche und klatscht es auf die Hand.

Ich zahle bar! Der Betrag ist flüssig gemacht – Regulierung läuft dem Angebot voraus. Vorwärts, was bietet sich?

Er sieht in das Feld.

Schnee. Schnee. Sonne. Stille.

Er schüttelt den Kopf und steckt das Geld ein.

Es wäre eine schamlose Übervorteilung – mit dieser Summe blauen Schnee zu bezahlen. Ich mache das Geschäft nicht. Ich trete vor dem Abschluss zurück. Keine reelle Sache!

Die Arme aufwerfend.

Ich muss bezahlen!! – – Ich habe das Geld bar!! – – Wo ist Ware, die man mit dem vollen Einsatz kauft?! Mit sechzigtausend – und dem ganzen Käufer mit Haut und Knochen?! – –

Schreiend.

Ihr müsst mir doch liefern – – ihr müsst doch Wert und Gegenwert in Einklang bringen!!!!

Sonne von Wolken verfinstert. Er steigt aus der Gabel.

Die Erde kreißt – Frühlingsstürme. Es macht sich, es macht sich. Ich wusste, dass ich nicht umsonst gerufen habe. Die Aufforderung war dringend. Das Chaos ist beleidigt, es will sich nicht vor meiner eingreifenden Tat am Vormittag blamieren. Ich wusste es ja, man darf in solchen Fällen nicht locker lassen. Hart auf den Leib rücken – und das Mäntelchen vom Leib, dann zeigt sich was! – Vor wem lüfte ich denn so höflich meinen Hut?

Sein Hut ist ihm entrissen. Der Orkan hat den Schnee von den Zweigen gepeitscht: Reste in der Krone haften und bauen ein menschliches Gerippe mit grinsenden Kiefern auf. Eine Knochenhand hält den Hut.

Hast du die ganze Zeit hinter mir gesessen und mich belauscht? Bist du ein Abgesandter der Polizei? Nicht in diesem lächerlich beschränkten Sinne. Umfassend: Polizei des Daseins? – Bist du die erschöpfende Antwort auf meine nachdrückliche Befragung? Willst du mit deiner einigermaßen reichlich durchlöcherten Existenz andeuten: das abschließende Ergebnis – deine Abgebranntheit? – Das ist etwas dürftig. Sehr dürftig. Nämlich nichts! – Ich lehne die Auskunft als nicht lückenlos ab. Ich danke für die Bedienung. Schließen Sie Ihren Laden mit alten Knochen. Ich bin nicht der erste beste, der sich beschwatzen lässt! – Der Vorgang wäre ja ungeheuer einfach. Sie entheben der weiteren Verwickelungen. Aber ich schätze Komplikationen höher. Leben Sie wohl – wenn Sie das in Ihrer Verfassung können! – Ich habe noch einiges zu erledigen. Wenn man unterwegs ist, kann man nicht in jede Haustür eintreten. Auch auf die freundlichste Einladung nicht. Ich sehe bis zum Abend noch eine ganze Menge Verpflichtungen vor mir. Sie können unmöglich die erste sein. Vielleicht die letzte. Aber auch dann nur notgedrungen. Vergnügen macht es mir nicht. Aber, wie gesagt, notgedrungen – darüber lässt sich reden. Rufen Sie mich gegen Mitternacht nochmals an. Wechselnde Telefonnummer beim Amt zu erfragen! – Verzeihung, ich rede dich mit Sie an. Wir stehen doch wohl auf du und du. Die Verwandtschaft bezeugt sich innigst. Ich glaube sogar, du steckst in mir drin. Also winde dich aus dem Astwerk los, das dich von allen Seiten durchsticht, und rutsche in mich hinein. Ich hinterlasse in meiner zweideutigen Lage nicht gern Spuren. Vorher gib mir meinen Hut wieder!

Er nimmt den Hut vom Ast, den der Sturm ihm jetzt entgegenbiegt
– verbeugt sich.

Ich sehe, wir haben bis zu einem annehmbaren Grade eine Verständigung erzielt. Das ist ein Anfang, der Vertrauen einflößt und im Wirbel kommender großartiger Ereignisse den nötigen Rückhalt schafft. Ich weiß das unbedingt zu würdigen. Mit vorzüglicher Hochachtung – –

Donner rollt. Ein letzter Windstoß fegt auch das Gebilde aus dem
Baum. Sonne bricht durch. Es ist hell wie zu Anfang.

Ich sagte doch gleich, dass die Erscheinung nur vorübergehend war!

Er drückt den Hut in die Stirn, schlägt den Mantelkragen hoch
und trabt durch den stäubenden Schnee weg.

Zweiter Teil

Stube bei Kassierer. Fenster mit abgeblühten Geranien. Zwei Türen hinten, Tür rechts. Tisch und Stühle. Klavier. Mutter sitzt am Fenster. Erste Tochter stickt am Tisch. Zweite Tochter übt die Tannhäuserouvertüre. Frau geht durch die Tür rechts hinten ein und aus.

MUTTER. Was spielst du jetzt?

ERSTE TOCHTER. Es ist doch die Tannhäuserouvertüre.

MUTTER. Die Weiße Dame ist auch sehr schön.

ERSTE TOCHTER. Die hat sie diese Woche nicht abonniert.

FRAU *kommt.* Es ist Zeit, dass ich die Koteletts brate.

ERSTE TOCHTER. Lange noch nicht, Mutter.

FRAU. Nein, es ist noch nicht Zeit, dass ich die Koteletts brate. *Ab.*

MUTTER. Was stickst du jetzt?

ERSTE TOCHTER. Die Langetten.

FRAU *kommt zur Mutter.* Wir haben heute Koteletts.

MUTTER. Bratest du sie jetzt?

FRAU. Es hat noch Zeit. Es ist ja noch nicht Mittag.

ERSTE TOCHTER. Es ist ja noch lange nicht Mittag.

FRAU. Nein, es ist noch lange nicht Mittag.

MUTTER. Wenn er kommt, ist es Mittag.

FRAU. Er kommt noch nicht.

ERSTE TOCHTER. Wenn Vater kommt, ist es Mittag.

FRAU. Ja. *Ab.*

ZWEITE TOCHTER *aufhörend, lauschend.* Vater?

ERSTE TOCHTER *ebenso.* Vater?

FRAU *kommt.* Mein Mann?

MUTTER. Mein Sohn?

ZWEITE TOCHTER *öffnet rechts.* Vater!

ERSTE TOCHTER *ist aufgestanden.* Vater!

FRAU. Der Mann!

MUTTER. Der Sohn!

KASSIERER *tritt rechts ein, hängt Hut und Mantel auf.*

FRAU. Woher kommst du?

KASSIERER. Vom Friedhof.

MUTTER. Ist jemand plötzlich gestorben?

KASSIERER *klopft ihr auf den Rücken.* Man kann wohl plötzlich sterben, aber nicht plötzlich begraben werden.

FRAU. Woher kommst du?

KASSIERER. Aus dem Grabe. Ich habe meine Stirn durch Schollen gebohrt. Hier hängt noch Eis. Es hat besondere Anstrengungen gekostet, um durchzukommen. Ganz besondere Anstrengungen. Ich habe mir die Finger etwas beschmutzt. Man muss lange Finger machen, um hinauszugreifen. Man liegt tief gebettet. So ein Leben lang schaufelt mächtig. Berge sind auf einen getürmt. Schutt, Müll – es ist ein riesiger Abladeplatz. Die Gestorbenen liegen ihre drei Meter abgezählt unter der Oberfläche – die Lebenden verschüttet es immer tiefer.

FRAU. Du bist eingefroren – oben und unten.

KASSIERER. Aufgetaut! Von Stürmen – frühlinghaft – geschüttelt. Es rauschte und brauste – ich sage dir, es hieb mir das Fleisch herunter, und mein Gebein saß nackt. Knochen – gebleicht in Minuten. Schädelstätte! Zuletzt schmolz mich die Sonne wieder zusammen. Dermaßen von Grund auf geschah die Erneuerung. Da habt ihr mich.

MUTTER. Du bist im Freien gewesen?

KASSIERER. In scheußlichen Verliesen, Mutter! Unter abgrundsteilen Türmen bodenlos verhaftet. Klirrende Ketten betäubten das Gehör. Von Finsternis meine Augen ausgestochen!

FRAU. Die Bank ist geschlossen. Der Direktor hat mit euch getrunken. Es ist ein freudiges Ereignis in seiner Familie?

KASSIERER. Er hat eine neue Mätresse auf dem Korn. Italienerin – Pelz – Seide – wo die Orangen blühen. Handgelenke wie geschliffen. Schwarzhaarig – der Teint ist dunkel. Brillanten. Echt – alles echt. Tos – Tos – der Schluss klingt wie Kanaan. Hol' einen Atlas. Tos – Kanaan. Gibt es das? Ist es eine Insel? Ein Gebirge? Ein Sumpf? Die Geografie kann über alles Auskunft geben! Aber er wird sich schneiden. Glatt abfallen – abgebürstet werden wie ein Flocken. Da liegt er – zappelt auf dem Teppich – Beine kerzengerade in die Luft – das kugelfette Direktorchen!

FRAU. Die Bank hat nicht geschlossen?

KASSIERER. Niemals, Frau. Die Kerker schließen sich niemals. Der Zuzug hat kein Ende. Die ewige Wallfahrt ist unbegrenzt. Wie Hammelherden hopsen sie hinein – in die Fleischbank. Das Gewühl ist dicht. Kein Entrinnen – oder mit keckem Satz über den Rücken!

MUTTER. Dein Mantel ist auf dem Rücken zerrissen.

KASSIERER. Betrachtet meinen Hut. Ein Landstreicher!

ZWEITE TOCHTER. Das Futter ist zerfetzt.

KASSIERER. Greift in die Taschen – rechts – links!

ERSTE TOCHTER *zieht eine Manschette hervor.*

ZWEITE TOCHTER *ebenso.*

KASSIERER. Befund?

BEIDE TÖCHTER. Deine Manschetten.

KASSIERER. Ohne Knöpfe. Die Knöpfe habe ich hier. Triumph der Kaltblütigkeit! – – Paletot – Hut – ja, es geht ohne Fetzen nicht ab, wenn man über die Rücken setzt. Sie fassen nach einem – sie krallen Nägel ein! Hürden und Schranken – Ordnung muss herrschen. Gleichheit für alle. Aber ein tüchtiger Sprung – nicht gefackelt – und du bist aus dem Pferch – aus dem Göpelwerk. Ein Gewaltstreich, und hier stehe ich! Hinter mir nichts – und vor mir?

Er sieht sich im Zimmer um.

FRAU *starrt ihn an.*

MUTTER *halblaut.* Er ist krank.

FRAU *mit raschem Entschluss zur Tür rechts.*

KASSIERER *hält sie auf. Zu einer Tochter.* Hol' meine Jacke.

Tochter links hinten hinein, mit verschnürter Samtjacke zurück.
Er zieht sie an.

Meine Pantoffeln.

Die andere Tochter bringt sie.

Mein Käppchen.

Tochter kommt mit gestickter Kappe.

Meine Pfeife.

MUTTER. Du sollst nicht rauchen, wenn du schon –

FRAU *beschwichtigt sie hastig.* – Soll ich dir anstecken?

KASSIERER *fertig häuslich gekleidet – nimmt am Tisch eine bequeme Haltung an.* Steck' an.

FRAU *immer sorgenvoll eifrig um ihn bemüht.* Zieht sie?

KASSIERER *mit der Pfeife beschäftigt.* Ich werde sie zur gründlichen Reinigung schicken müssen. Im Rohr sind wahrscheinlich Ansammlungen von unverbrauchten Tabakresten. Der Zug ist nicht frei von inneren Widerständen. Ich muss mehr, als eigentlich notwendig sein sollte, ziehen.

FRAU. Soll ich sie gleich forttragen?

KASSIERER. Nein, geblieben. *Mächtige Rauchwolken ausstoßend.* Annehmbar. *Zur zweiten Tochter:* Spiel'.

ZWEITE TOCHTER *auf das Zeichen der Frau setzt sich ans Klavier und spielt.*

KASSIERER. Was ist das für ein Stück?

ZWEITE TOCHTER *atemlos.* Wagner.

KASSIERER *nickt zustimmend. Zur ersten Tochter.* Nähst – flickst – stopfst du?

ERSTE TOCHTER *sich rasch hinsetzend.* Ich sticke Langetten.

KASSIERER. Praktisch. – Und Mutterchen, du?

MUTTER *von der allgemeinen Angst angesteckt.* Ich nickte ein bisschen vor mich hin.

KASSIERER. Friedvoll.

MUTTER. Ja, mein Leben ist Frieden geworden.

KASSIERER *zur Frau.* Du?

FRAU. Ich will die Koteletts braten.

KASSIERER *nickt.* Die Küche.

FRAU. Ich brate dir deins jetzt.

KASSIERER *wie vorher.* Die Küche.

FRAU *ab.*

KASSIERER *zur ersten Tochter.* Sperre die Türen auf.

ERSTE TOCHTER *stößt die Türen hinten zurück: Rechts ist in der Küche die Frau am Herd beschäftigt, links die Schlafkammer mit den beiden Betten.*

FRAU *in der Tür.* Ist dir sehr warm? *Wieder am Herd.*

KASSIERER *herumblickend.* Alte Mutter am Fenster. Töchter am Tisch stickend – Wagner spielend. Frau die Küche besorgend. Von vier Wänden umbaut – Familienleben. Hübsche Gemütlichkeit des

Zusammenseins. Mutter – Sohn – Kind versammelt sind. Vertraulicher Zauber. Er spinnt ein. Stube mit Tisch und Hängelampe. Klavier rechts. Kachelofen. Küche, tägliche Nahrung. Morgens Kaffee, mittags Koteletts. Schlafkammer – Betten, hinein – hinaus. Vertraulicher Zauber. Zuletzt – auf dem Rücken – steif und weiß. Der Tisch wird hier an die Wand gerückt – ein gelber Sarg streckt sich schräg, Beschläge abschraubbar – um die Lampe etwas Flor – ein Jahr wird nicht das Klavier gespielt – – –

ZWEITE TOCHTER *hört auf und läuft schluchzend in die Küche.*

FRAU *auf der Schwelle, fliegend.* Sie übt noch an dem neuen Stück.

MUTTER. Warum abonniert sie nicht auf die Weiße Dame?

KASSIERER *verlöscht die Pfeife. Er beginnt sich wieder umzukleiden.*

FRAU. Gehst du in die Bank? Du hattest einen Geschäftsweg?

KASSIERER. In die Bank – Geschäftsweg – nein.

FRAU. Wohin willst du jetzt?

KASSIERER. Schwerste Frage, Frau. Ich bin von wehenden Bäumen niedergeklettert, um eine Antwort aufzusuchen. Hier sprach ich zuerst vor. Es war doch selbstverständlich. Es ist ja alles wunderschön – unstreitbare Vorzüge verkleinere ich nicht, aber vor letzten Prüfungen besteht es nicht. Hier liegt es nicht – damit ist der Weg angezeigt. Ich erhalte ein klares Nein.

Er hat seinen früheren Anzug vollendet.

FRAU *zerrissen.* Mann, wie entstellt siehst du aus?

KASSIERER. Landstreicher. Ich sagte es ja. Scheltet nicht! Besser ein verwahrloster Wanderer auf der Straße – als Straßen leer von Wanderern!

FRAU. Wir essen jetzt zu Mittag.

KASSIERER. Koteletts, ich rieche sie.

MUTTER. Vor dem Mittagessen willst du –?

KASSIERER. Ein voller Magen macht schläfrig.

MUTTER *fuchtelt plötzlich mit den Armen durch die Luft, fällt zurück.*

ERSTE TOCHTER. Die Großmutter –

ZWEITE TOCHTER *aus der Küche.* Großmutter –

Beide sinken an ihren Knien nieder.

FRAU *steht steif.*

KASSIERER *tritt zum Sessel.* Daran stirbt sie, weil einer einmal vor dem Mittagessen weggeht.

Er betrachtet die Tote.

Schmerz? Trübsal? Tränengüsse, verschwemmend? Sind die Bande so eng geknüpft – dass, wenn sie zerrissen, im geballten Leid es sich erfüllt? Mutter – Sohn?

Er holt die Scheine aus der Tasche und wägt sie auf der Hand – schüttelt den Kopf und steckt sie wieder ein.

Keine vollständige Lähmung im Schmerz – kein Erfülltsein bis in die Augen. Augen trocken – Gedanken arbeiten weiter. Ich muss mich eilen, wenn ich zu gültigen Resultaten vorstoßen will!

Er legt sein abgegriffenes Portemonnaie auf den Tisch.

Sorgt. Es ist ehrlich erworbenes Gehalt. Die Erklärung kann von Wichtigkeit werden. Sorgt.

Er geht rechts hinaus.

FRAU *steht unbeweglich.*

DIREKTOR *durch die offene Tür rechts.* Ist Ihr Mann zu Hause? – Ist Ihr Mann hierher gekommen? – Ich habe Ihnen leider die betrübende Mitteilung zu machen, dass er sich an der Kasse vergriffen hat. Wir haben seine Verfehlung schon seit einigen Stunden entdeckt. Es handelt sich um die Summe von sechzigtausend Mark, die der Bauverein deponierte. Die Anzeige habe ich in der Hoffnung noch zurückgehalten, dass er sich besinnen würde. – Dies ist mein letzter Versuch. Ich bin persönlich gekommen. – Ihr Mann ist nicht hier gewesen?

Er sieht sich um, gewahrt Jacke, Pfeife usw., alle offenen Türen.

Dem Anschein nach –

Seine Blicke haften auf der Gruppe am Fenster, nickt.

Ich sehe, die Dinge sind schon in ein vorgerücktes Stadium getreten. Dann allerdings –

Er zuckt die Achseln, setzt den Hut auf.

Es bleibt ein aufrichtiges, privates Bedauern, an dem es nicht fehlt – sonst die Konsequenzen.

Ab.

BEIDE TÖCHTER *nähern sich der Frau.* Mutter –
FRAU *ausbrechend.* Kreischt mir nicht in die Ohren. Glotzt mich nicht an. Was wollt ihr von mir? Wer seid ihr? Fratzen – Affengesichter – was geht ihr mich an?

Über den Tisch geworfen.

Mich hat mein Mann verlassen!!
BEIDE TÖCHTER *scheu – halten sich an den Händen.*

Sportpalast. Sechstagerennen. Bogenlampenlicht.
Im Dunstraum rohgezimmerte freischwebende Holzbrücke. Die jüdischen Herren als Kampfrichter kommen und gehen. Alle sind ununterscheidbar: kleine bewegliche Gestalten, in Smoking, stumpfen Seidenhut im Nacken, am Riemen das Binokel. Rollendes Getöse von Rädern über Bohlen.
Pfeifen, Heulen, Meckern geballter Zuschauermenge aus Höhe und Tiefe. Musikkapellen.

EIN HERR *kommend.* Ist alles vorbereitet?
EIN HERR. Sehen Sie doch.
EIN HERR *durchs Glas.* Die Blattpflanzen –
EIN HERR. Was ist mit den Blattpflanzen?
EIN HERR. Zweifellos.
EIN HERR. Was ist denn mit den Blattpflanzen?
EIN HERR. Wer hat denn das Arrangement gestellt?
EIN HERR. Sie haben recht.
EIN HERR. Das ist ja irrsinnig.
EIN HERR. Hat sich denn niemand um die Aufstellung gekümmert?
EIN HERR. Einfach lächerlich.
EIN HERR. Der Betreffende muss selbst blind sein.
EIN HERR. Oder schlafen.

EIN HERR. Das ist die einzig annehmbare Erklärung bei dieser Veranstaltung.

EIN HERR. Was reden Sie – schlafen? Wir fahren doch erst in der vierten Nacht.

EIN HERR. Die Kübel müssen mehr auf die Seite gerückt werden.

EIN HERR. Gehen Sie?

EIN HERR. Ganz an die Wände.

EIN HERR. Der Überblick muss frei auf die ganze Bahn sein.

EIN HERR. Die Loge muss offen liegen.

EIN HERR. Ich gehe mit.

Alle ab.

EIN HERR *kommt, feuert einen Pistolenschuss. Ab.*

ZWEI HERREN *kommen mit einem rotlackierten Megafon.*

DER EINE HERR. Wie hoch ist die Prämie?

DER ANDERE HERR. Achtzig Mark. Dem ersten fünfzig. Dem zweiten dreißig.

DER EINE HERR. Drei Runden. Mehr nicht. Wir erschöpfen die Fahrer.

DER ANDERE HERR *spricht durch das Megafon.* Eine Preisstiftung von achtzig Mark aus der Bar sofort auszufahren über drei Runden! Dem ersten fünfzig Mark – dem zweiten dreißig Mark.

Händeklatschen.

MEHRERE HERREN *kommen, einer mit einer roten Fahne.*

EIN HERR. Geben Sie den Start.

EIN HERR. Noch nicht, Nummer sieben wechselt die Mannschaft.

EIN HERR. Start.

EIN HERR *senkt die rote Fahne.*

Anwachsender Lärm. Dann Händeklatschen und Pfeifen.

EIN HERR. Die Schwachen müssen auch mal gewinnen.

EIN HERR. Es ist gut, dass die Großen sich zurückhalten.

EIN HERR. Die Nacht wird ihnen noch zu schaffen machen.

EIN HERR. Die Aufregung unter den Fahrern ist ungeheuer.

EIN HERR. Es lässt sich denken.

EIN HERR. Passen Sie auf, diese Nacht fällt die Entscheidung.

EIN HERR *achselzuckend.* Die Amerikaner sind noch frisch.

EIN HERR. Unsere Deutschen werden ihnen schon auf den Zahn fühlen.

EIN HERR. Jedenfalls hätte sich dann der Besuch gelohnt.

EIN HERR *durchs Glas.* Jetzt ist die Loge klar.

Alle bis auf den Herrn mit dem Megafon ab.

EIN HERR *mit einem Zettel.* Das Resultat.

DER HERR *durchs Megafon.* Prämie aus der Bar: fünfzig Mark für Nummer elf, dreißig Mark für Nummer vier.

Musiktusch. – Pfeifen und Klatschen. – Die Brücke ist leer.
Ein Herr kommt mit Kassierer. Kassierer im Frack, Frackumhang,
Zylinder, Glacés; Bart ist spitz zugestutzt; Haar tief gescheitelt.

KASSIERER. Erklären Sie mir den Sinn –

DER HERR. Ich stelle Sie vor.

KASSIERER. Mein Name tut nichts zur Sache.

DER HERR. Sie haben ein Recht, dass ich Sie mit dem Präsidium bekannt mache.

KASSIERER. Ich bleibe inkognito.

DER HERR. Sie sind ein Freund unsres Sports.

KASSIERER. Ich verstehe nicht das Mindeste davon. Was machen die Kerle da unten? Ich sehe einen Kreis und die bunte Schlangenlinie. Manchmal mischt sich ein anderer ein und ein anderer hört auf. Warum?

DER HERR. Die Fahrer liegen paarweise im Rennen. Während ein Partner fährt –

KASSIERER. Schläft sich der andere Bengel aus?

DER HERR. Er wird massiert.

KASSIERER. Und das nennen Sie Sechstagerennen?

DER HERR. Wieso?

KASSIERER. Ebenso könnte es Sechstageschlafen heißen. Geschlafen wird ja fortwährend von einem Partner.

EIN HERR *kommt.* Die Brücke ist nur für die Leitung des Rennens erlaubt.

DER ERSTE HERR. Eine Stiftung von tausend Mark dieses Herrn.

DER ANDERE HERR. Gestatten Sie mir, dass ich mich vorstelle.

KASSIERER. Keineswegs.

DER ERSTE HERR. Der Herr wünscht sein Inkognito zu wahren.

KASSIERER. Undurchsichtig.

DER ERSTE HERR. Ich habe Erklärungen gegeben.

KASSIERER. Ja, finden Sie es nicht komisch?

DER ZWEITE HERR. Inwiefern?

KASSIERER. Dies Sechstageschlafen.

DER ZWEITE HERR. Also tausend Mark über wie viel Runden?

KASSIERER. Nach Belieben.

DER ZWEITE HERR. Wie viel dem ersten?

KASSIERER. Nach Belieben.

DER ZWEITE HERR. Achthundert und zweihundert.

Durchs Megafon.

Preisstiftung eines ungenannt bleiben wollenden Herrn über zehn Runden sofort auszufahren: dem ersten achthundert – dem zweiten zweihundert. Zusammen tausend Mark.

Gewaltiger Lärm.

DER ERSTE HERR. Dann sagen Sie mir, wenn die Veranstaltung für Sie nur Gegenstand der Ironie ist, weshalb machen Sie eine Preisstiftung in der Höhe von tausend Mark?

KASSIERER. Weil die Wirkung fabelhaft ist.

DER ERSTE HERR. Auf das Tempo der Fahrer?

KASSIERER. Unsinn.

EIN HERR *kommend.* Sind Sie der Herr, der tausend Mark stiftet?

KASSIERER. In Gold.

DER HERR. Das würde zu lange aufhalten.

KASSIERER. Das Aufzählen? Sehen Sie zu.

Er holt eine Rolle heraus, reißt sie auf, schüttet den Inhalt auf die Hand, prüft die leere Papierhülse, schleudert sie weg und zählt behände die klimpernden Goldstücke in seine Handhöhle.

Außerdem erleichtere ich meine Taschen.

DER HERR. Mein Herr, Sie sind ein Fachmann in dieser Angelegenheit.

KASSIERER. Ein Detail, mein Herr. *Er übergibt den Betrag.* Nehmen Sie an.

DER HERR. Dankend erhalten.

KASSIERER. Nur ordnungsmäßig.

EIN HERR *kommend.* Wo ist der Herr? Gestatten Sie –

KASSIERER. Nichts.

EIN HERR *mit der roten Fahne.* Den Start gebe ich.

EIN HERR. Jetzt werden die Großen ins Zeug gehen.

EIN HERR. Die Flieger liegen sämtlich im Rennen.

DER HERR *die Fahne schwingend.* Der Start.

> *Er senkt die Fahne. Heulendes Getöse entsteht.*

KASSIERER *zwei Herren im Nacken packend und ihre Köpfe nach hinten biegend.* Jetzt will ich Ihnen die Antwort auf Ihre Frage geben. Hinauf geschaut!

EIN HERR. Verfolgen Sie doch die wechselnden Phasen des Kampfes unten auf der Bahn.

KASSIERER. Kindisch. Einer muss der erste werden, weil die andern schlechter fahren. – Oben entblößt sich der Zauber. In dreifach übereinandergelegten Ringen – vollgepfropft mit Zuschauern – tobt Wirkung. Im ersten Rang – anscheinend das bessere Publikum tut sich noch Zwang an. Nur Blicke, aber weit – rund – stierend. Höher schon Leiber in Bewegung. Schon Ausrufe. Mittlerer Rang! – Ganz oben fallen die letzten Hüllen. Fanatisiertes Geschrei. Brüllende Nacktheit. Die Galerie der Leidenschaft! – Sehen Sie doch: die Gruppe. Fünffach verschränkt. Fünf Köpfe auf einer Schulter. Um eine heulende Brust gespreizt fünf Armpaare. Einer ist der Kern. Er wird erdrückt – hinausgeschoben – da purzelt sein steifer Hut – im Dunst träge sinkend – zum mittleren Rang nieder. Einer Dame auf den Busen. Sie kapiert es nicht. Da ruht er köstlich. Köstlich. Sie wird den Hut nie bemerken, sie geht mit ihm zu Bett, zeitlebenslang trägt sie den steifen Hut auf ihrem Busen!

DER HERR. Der Belgier setzt zum Spurt an.

KASSIERER. Der mittlere Rang kommt ins Heulen. Der Hut hat die Verbindung geschlossen. Die Dame hat ihn gegen die Brüstung zertrümmert. Ihr Busen entwickelt breite Schwielen. Schöne Dame, du musst hier an die Brüstung und deine Büste brandmarken. Du musst unweigerlich. Es ist sinnlos, sich zu sträuben. Mitten im Knäuel verkrallt wirst du an die Wand gepresst und musst hergeben, was du bist. Was du bist – ohne Winseln!

DER HERR. Kennen Sie die Dame?

KASSIERER. Sehen Sie jetzt: oben die fünf drängen ihren Kern über die Barriere – er schwebt frei – er stürzt – da – in den ersten Rang segelt er hinein. Wo ist er? Wo erstickt er? Ausgelöscht – spurlos vergraben. Interesselos. Ein Zuschauer – ein Zufallender – ein Zufall, nicht mehr unter Abertausenden!

EIN HERR. Der Deutsche rückt auf.

KASSIERER. Der erste Rang rast. Der Kerl hat den Kontakt geschaffen. Die Beherrschung ist zum Teufel. Die Fräcke beben. Die Hemden reißen. Knöpfe prasseln in alle Richtungen. Bärte verschoben von zersprengten Lippen, Gebisse klappern. Oben und mitten und unten vermischt. Ein Heulen aus allen Ringen – unterschiedlos. Unterschiedlos. Das ist erreicht!

DER HERR *sich umwendend.* Der Deutsche hat's. Was sagen Sie nun?

KASSIERER. Albernes Zeug.

Furchtbarer Lärm. Händeklatschen.

EIN HERR. Fabelhafter Spurt.

KASSIERER. Fabelhafter Blödsinn.

EIN HERR. Wir stellen das Resultat im Büro fest.

Alle ab.

KASSIERER *jenen Herrn festhaltend.* Haben Sie noch einen Zweifel?

DER HERR. Die Deutschen machen das Rennen.

KASSIERER. In zweiter Linie das, wenn Sie wollen. *Hinaufweisend.* Das ist es, das ist als Tatsache erdrückend. Das ist letzte Ballung des Tatsächlichen. Hier schwingt es sich zu seiner schwindelhaften Leistung auf. Vom ersten Rang bis in die Galerie Verschmelzung. Aus siedender Auflösung des Einzelnen geballt der Kern: Leidenschaft! Beherrschungen – Unterschiede rinnen ab. Verkleidungen von Nacktheit gestreift: Leidenschaft! – Hier vorzustoßen ist Erlebnis. Türen – Tore verschweben zu Dunst. Posaunen schmettern und Mauern kieseln. Kein Widerstreben – keine Keuschheit – keine Mütterlichkeit – keine Kindschaft: Leidenschaft! Das ist es. Das ist es. Das lohnt. Das lohnt den Griff – das bringt auf breitem Präsentierbrett den Gewinn geschichtet!

EIN HERR *kommend.* Die Sanitätskolonne funktioniert tadellos.

KASSIERER. Ist der Kerl stürzend zermahlen?

EIN HERR. Zertreten.

KASSIERER. Es geht nicht ohne Tote ab, wo andere fiebernd leben.

EIN HERR *durchs Megafon.* Resultat der Preisstiftung des ungenannt bleiben wollenden Herrn: achthundert Mark gewonnen von Nummer zwei – zweihundert Mark von Nummer eins.

Wahnsinniger Beifall. Tusch.

EIN HERR. Die Mannschaften sind erschöpft.

EIN HERR. Das Tempo fällt zusehend ab.

EIN HERR. Wir müssen die Manager für Ruhe im Felde sorgen lassen.

KASSIERER. Eine neue Stiftung!

EIN HERR. Später, mein Herr.

KASSIERER. Keine Unterbrechung in dieser Situation.

EIN HERR. Die Situation wird für die Fahrer gefährlich.

KASSIERER. Ärgern Sie mich nicht mit den Bengels. Das Publikum kocht in Erregungen. Das muss ausgenutzt werden. Der Brand soll eine nie erlebte Steigerung erfahren. Fünfzigtausend Mark.

EIN HERR. Wahrhaftig?

EIN HERR. Wie viel?

KASSIERER. Ich setze alles dran.

EIN HERR. Das ist eine unerhörte Preisstiftung.

KASSIERER. Unerhört soll die Wirkung sein. Alarmieren Sie die Sanitätskolonnen in allen Ringen.

EIN HERR. Wir akzeptieren die Stiftung. Wir werden sie bei besetzter Loge ausfahren lassen.

EIN HERR. Prachtvoll.

EIN HERR. Großartig.

EIN HERR. Durchaus lohnender Besuch.

KASSIERER. Was heißt das! Bei besetzter Loge?

EIN HERR. Wir beraten die Bedingungen im Büro. Dreißigtausend dem ersten, fünfzehntausend dem zweiten – fünftausend dem dritten.

EIN HERR. Das Feld wird in dieser Nacht gesprengt.

EIN HERR. Damit ist das Rennen so gut wie aus.

EIN HERR. Jedenfalls: bei besetzter Loge.

Alle ab.

Mädchen der Heilsarmee kommt.
Gelächter der Zuschauer. Pfiffe. Rufe.

MÄDCHEN *anbietend.* Der Kriegsruf – zehn Pfennig, mein Herr.

KASSIERER. Andermal.

MÄDCHEN. Der Kriegsruf, mein Herr.

KASSIERER. Was verhökern Sie da für ein Kümmelblättchen?

MÄDCHEN. Der Kriegsruf, mein Herr.

KASSIERER. Sie treten verspätet auf. Hier ist die Schlacht in vollem
Betrieb.

MÄDCHEN *mit der Blechbüchse.* Zehn Pfennig, mein Herr.

KASSIERER. Für zehn Pfennig wollen Sie Krieg entfachen?

MÄDCHEN. Zehn Pfennig, mein Herr.

KASSIERER. Ich bezahle hier Kriegskosten mit fünfzigtausend.

MÄDCHEN. Zehn Pfennig.

KASSIERER. Lumpiges Handgemenge. Ich subventioniere nur
Höchstleistungen.

MÄDCHEN. Zehn Pfennig.

KASSIERER. Ich trage nur Gold bei mir.

MÄDCHEN. Zehn Pfennig.

KASSIERER. Gold –

MÄDCHEN. Zehn –

KASSIERER *brüllt sie durchs Megafon an.* Gold – Gold – Gold!

MÄDCHEN *ab.*

Wieherndes Gelächter der Zuschauer. Händeklatschen. Viele
Herren kommen.

EIN HERR. Wollen Sie selbst Ihre Stiftung bekannt geben?

KASSIERER. Ich bleibe im undeutlichen Hintergrund. *Er gibt ihm*
das Megafon. Jetzt sprechen Sie. Jetzt teilen Sie die letzte Erschütterung aus.

EIN HERR *durchs Megafon.* Eine neue Preisstiftung desselben ungenannt bleiben wollenden Herrn.

Bravorufe.

Gesamtsumme fünfzigtausend Mark.

Betäubendes Schreien.

Fünftausend Mark dem dritten.

Schreien.

Fünfzehntausend Mark dem zweiten.

Gesteigertes Schreien.

Dem ersten dreißigtausend Mark.

Ekstase.

KASSIERER *beiseite stehend, kopfnickend.* Das wird es. Daher sträubt es sich empor. Das sind Erfüllungen. Heulendes Wehen vom Frühlingsorkan. Wogender Menschheitsstrom. Entkettet – frei. Vorhänge hoch – Vorwände nieder. Menschheit. Freie Menschheit. Hoch und tief – Mensch. Keine Ringe – keine Schichten – keine Klassen. Ins Unendliche schweifende Entlassenheit aus Fron und Lohn in Leidenschaft. Rein nicht – doch frei! – Das wird der Erlös für meine Keckheit.

Er zieht das Bündel Scheine hervor.

Gern gegeben – anstandslos beglichen!

Plötzlich lautlose Stille.
Nationalhymne.
Die Herren haben die Seidenhüte gezogen und stehen verneigt.

EIN HERR *tritt zum Kassierer.* Händigen Sie mir den Betrag ein, um die Stiftung jetzt sofort ausfahren zu lassen.
KASSIERER. Was bedeutet das?
DER HERR. Was, mein Herr?
KASSIERER. Dieses jähe, unvermittelte Schweigen oben und unten?
DER HERR. Durchaus nicht unvermittelt: Seine Hoheit sind in die Loge getreten.
KASSIERER. Seine Hoheit – in die Loge – –

DER HERR. Umso günstiger kommt uns Ihre bedeutende Stiftung.

KASSIERER. Ich denke nicht daran, mein Geld zu vergeuden!

DER HERR. Was heißt das?

KASSIERER. Dass es mir für die Fütterung von krummen Buckeln zu teuer ist!

DER HERR. Erklären Sie mir –

KASSIERER. Dieser eben noch lodernde Brand ausgetreten von einem Lackstiefel am Bein Seiner Hoheit. Sind Sie toll, mich für so verrückt zu halten, dass ich zehn Pfennig vor Hundeschnauzen werfe! Auch das wäre noch zu viel. Einen Fußtritt gegen den eingeklemmten Schweif, das ist die gebotene Stiftung!

DER HERR. Die Stiftung ist angekündigt. Seine Hoheit warten in der Loge. Das Publikum verharrt ehrfürchtig. Was soll das heißen?

KASSIERER. Wenn Sie es denn nicht aus meinen Worten begreifen – dann werden Sie die nötige Einsicht gewinnen, indem ich Ihnen mit einem Schlage ein einwandfreies Bekenntnis meinerseits beibringe!

Er treibt ihm den Seidenhut auf die Schultern. Ab.
Noch Hymne. Schweigen. Verbeugtsein auf der Brücke.

Ballhaus. Sonderzimmer.
Noch dunkel.
Gedämpft: Orchester mit Tanzrhythmen.

KELLNER *öffnet die Tür, dreht rotes Licht an.*

KASSIERER *Frack, Umhang, Schal, Bambusrohr mit Goldknopf.*

KELLNER. Gefällig?

KASSIERER. Ganz.

KELLNER *nimmt Umhang in Empfang.*

KASSIERER *vorm Spiegel.*

KELLNER. Wie viel Gedecke belieben?

KASSIERER. Vierundzwanzig. Ich erwarte meine Großmama, meine Mama, meine Frau und weitere Tanten. Ich feiere die Konfirmation meiner Tochter.

KELLNER *staunend.*

KASSIERER *zu ihm im Spiegel.* Esel. Zwei! Oder wozu polstern Sie diese diskret illuminierten Kojen?

KELLNER. Welche Marke bevorzugen der Herr?

KASSIERER. Gesalbter Kuppler. Das überlassen Sie mir, mein Bester, welche Blume ich mir auf dem Parkett pflücke, Knospe oder Rose – kurz oder schlank. Ich will Ihre unschätzbaren Dienste nicht übermäßig anspannen. Unschätzbar – oder führen Sie auch darüber feste Tarife?

KELLNER. Die Sektmarke des Herrn?

KASSIERER *räuspert.* Grand Marnier.

KELLNER. Das ist Kognak nach dem Sekt.

KASSIERER. Also – darin richte ich mich entgegenkommend nach Ihnen.

KELLNER. Zwei Flaschen Pommery. Dry?

KASSIERER. Zwei, wie Sie sagten.

KELLNER. Extra dry?

KASSIERER. Zwei decken den anfänglichen Bedarf. Oder für diskrete Bedienung drei Flaschen extra? Gewährt.

KELLNER *mit der Karte.* Das Souper?

KASSIERER. Spitzen, Spitzen.

KELLNER. Œufs pochés Bergère? Poulet grillé? Steak de veau truffé? Parfait de foie gras en croûte? Salade cœur de laitue?

KASSIERER. Spitzen – von Anfang bis zu Ende nur Spitzen.

KELLNER. Pardon?

KASSIERER *ihm auf die Nase tippend.* Spitzen sind letzte Ballungen in allen Dingen. Also auch aus Ihren Kochtöpfen und Bratpfannen. Das Delikateste vom Delikaten. Das Menü der Menüs. Zur Garnierung bedeutsamerer Vorgänge. Ihre Sache, mein Freund, ich bin nicht der Koch.

KELLNER *stellt eine größere Karte auf den Tisch.* In zwanzig Minuten zu servieren.

Er ordnet die Gläser usw.
Durch die Türspalte Köpfe mit seidenen Larven.

KASSIERER *in den Spiegel mit dem Finger drohend.* Wartet, Motten, ich werde euch gleich unter das Glühlicht halten. Wir werden uns über diesen Punkt auseinandersetzen, wenn wir beieinandersitzen.

Er nickt.
Die kichernden Masken ab.

KELLNER *hängt einen Karton: »Reserviert!« an die Tür. Ab.*

KASSIERER *schiebt den Zylinder zurück, entnimmt einem goldenen Etui Zigaretten, zündet an.* Auf in den Kampf, Torero – – Was einem nicht alles auf die Lippen kommt. Man ist ja geladen. Alles – einfach alles. Torero – Carmen. Caruso. Den Schwindel irgendwo mal gelesen – haften geblieben. Aufgestapelt. Ich könnte in diesem Augenblick Aufklärungen geben über die Verhandlungen mit der Bagdadbahn. Der Kronprinz von Rumänien heiratet die zweite Zarentochter. Tatjana. Also los. Sie soll sich verheiraten. Vergnügtes Himmelbett. Das Volk braucht Fürsten. Tat – Tat – jana.

Den Bambus wippend, ab.

KELLNER *mit Flaschen und Kühler; entkorkt und gießt ein. Ab.*

KASSIERER *eine weibliche Maske – Harlekin in gelbrotkariertem, von Fuß zu offener Brust knabenhaft anliegendem Anzug – vor sich scheuchend herein.* Motte!

MASKE *um den Tisch laufend.* Sekt! *Sie gießt sich beide Gläser Sekt in den Mund, fällt ins Sofa.* Sekt!

KASSIERER *neu vollgießend.* Flüssiges Pulver. Lade deinen scheckigen Leib.

MASKE *trinkt.* Sekt!

KASSIERER. Batterien aufgefahren und Entladungen vorbereitet.

MASKE. Sekt!

KASSIERER *die Flaschen wegstellend.* Leer. *Er kommt in die Polster zur Maske.* Fertig zur Explosion.

MASKE *lehnt betrunken hinüber.*

KASSIERER *rüttelt ihre schlaffen Arme.* Munter, Motte.

MASKE *faul.*

KASSIERER. Aufgerappelt, bunter Falter. Du hast den prickelnden gelben Honig geleckt. Entfalte Falterflügel. Überfalle mich mit dir. Vergrabe mich, decke mich zu. Ich habe mich in einigen Beziehungen mit den gesicherten Zuständen überworfen – überwirf mich mit dir.

MASKE *lallt.* Sekt.

KASSIERER. Nein, mein Paradiesvogel. Du hast deine hinreichende Ladung. Du bist voll.

MASKE. Sekt.

KASSIERER. Keinen Spritzer. Du wirst sonst unklar. Du bringst mich um schöne Möglichkeiten.

MASKE. Sekt.

KASSIERER. Oder hast du keine? Also – auf den Grund gelotet; was hast du?

MASKE. Sekt.

KASSIERER. Den hast du allerdings. Das heißt: von mir. Was habe ich von dir?

MASKE *schläft ein.*

KASSIERER. Willst du dich hier ausschlafen? Kleiner Schäker. Zu dermaßen ausgedehnten Scherzen fehlt mir diesmal die Zeit.

Er steht auf, füllt ein Glas und schüttet es ihr ins Gesicht.

Frühmorgens, wenn die Hähne krähn.

MASKE *springt auf.* Schwein!

KASSIERER. Aparter Name. Leider bin ich nicht in der Lage, deine Vorstellung zu erwidern. Also, Maske der weitverzweigten Rüsselfamilie, räume die Polster.

MASKE. Das werde ich Sie eintränken.

KASSIERER. Mehr als billig, nachdem ich dir hinreichend eingetränkt.

MASKE *ab.*

KASSIERER *trinkt Sekt; ab.*

KELLNER *kommt, bringt Kaviar; nimmt leere Flaschen mit.*

KASSIERER *kommt mit zwei schwarzen Masken.*

ERSTE MASKE *die Tür zuwerfend.* Reserviert.

ZWEITE MASKE *am Tisch.* Kaviar.

ERSTE MASKE *hinlaufend.* Kaviar.

KASSIERER. Schwarz wie ihr. Esst ihn auf. Stopft ihn euch in den Hals.

Er sitzt zwischen beiden im Polster.

Sagt Kaviar. Flötet Sekt. Auf euren eigenen Witz verzichte ich.

Er gießt ein, füllt die Teller.

Ihr sollt nicht zu Worte kommen. Mit keiner Silbe, mit keinem Juchzer. Stumm wie die Fische, die diesen schwarzen Kaviar über das Schwarze Meer laichten. Kichert, meckert, aber redet nicht. Es kommt nichts dabei aus euch heraus. Höchstens ihr aus euren Polstern. Ich habe schon einmal ausgeräumt.

MASKEN *sehen sich kichernd an.*

KASSIERER *die erste packend.* Was hast du für Augen? Grüne – gelbe? *Zur andern.* Deine blau – rot? Reizendes Kugelspiel in den Schlitzen. Das verheißt. Das muss heraus. Ich setze einen Preis für die schönste!

MASKEN *lachen.*

KASSIERER *zur ersten.* Du bist die schönere. Du wehrst dich mächtig. Warte, ich reiße dir den Vorhang herunter und schaue das Ereignis an!

MASKE *entzieht sich ihm.*

KASSIERER *zur andern.* Du hast dich zu verbergen? Du bist aus Scham überwältigend. Du hast dich in diesen Ballsaal verirrt. Du streifst auf Abenteuer. Du hast deinen Abenteurer gefunden, den du suchst. Von deinem Milch und Blut die Larve herunter!

MASKE *rückt von ihm weg.*

KASSIERER. Ich bin am Ziel. Ich sitze zitternd – mein Blut ist erwühlt. Das wird es! – Und nun bezahlt.

Er holt den Pack Scheine heraus und teilt ihn.

Schöne Maske, weil du schön bist. Schöne Maske, weil du schön bist.

Er hält die Hände vor das Gesicht.

Eins – zwei – drei!

MASKEN *lüften ihre Larven.*

KASSIERER *blickt hin – lacht.* Deckt zu – deckt zu – deckt zu!

Er läuft um den Tisch.

Scheusal – Scheusal – Scheusal! Wollt ihr gleich – aber sofort – oder –

Er schwingt seinen Bambus.

ERSTE MASKE. Wollen Sie uns –

ZWEITE MASKE. Sie wollen uns –

KASSIERER. Euch will ich!

MASKEN *ab.*

KASSIERER *schüttelt sich, trinkt Sekt.* Kontrakte Vetteln! *Ab.*

KELLNER *mit neuen Flaschen. Ab.*

KASSIERER *stößt die Tür auf; im Tanz mit einer Pierrette, der der Rock bis auf die Schuhe reicht, herein. Er lässt sie in der Mitte stehen und wirft sich in die Polster.* Tanze!

MASKE *steht still.*

KASSIERER. Tanze. Drehe deinen Wirbel. Tanze, tanze. Witz gilt nicht. Hübschheit gilt nicht. Tanz ist es, drehend – wirbelnd. Tanz. Tanz. Tanz!

MASKE *kommt an den Tisch.*

KASSIERER *abwehrend.* Keine Pause. Keine Unterbrechung. Tanze.

MASKE *steht still.*

KASSIERER. Warum springst du nicht? Weißt du, was Derwische sind? Tanzmenschen. Menschen im Tanz – ohne Tanz Leichen. Tod und Tanz – an den Ecken des Lebens aufgerichtet. Dazwischen –

Das Mädchen der Heilsarmee tritt ein.

KASSIERER. Halleluja.

MÄDCHEN. Der Kriegsruf.

KASSIERER. Zehn Pfennig.

MÄDCHEN *hält die Büchse hin.*

KASSIERER. Wann denkst du, dass ich in deine Büchse springe?

MÄDCHEN. Der Kriegsruf.

KASSIERER. Du erwartest es doch mit Bestimmtheit von mir?

MÄDCHEN. Zehn Pfennig.

KASSIERER. Also wann?

MÄDCHEN. Zehn Pfennig.

KASSIERER. Du hängst mir doch an den Frackschößen?

MÄDCHEN *schüttelt die Büchse.*

KASSIERER. Und ich schüttle dich wieder ab!

MÄDCHEN *schüttelt.*

KASSIERER. Also – *Zur Maske.* Tanze!

MÄDCHEN *ab.*

MASKE *kommt in die Polster.*

KASSIERER. Warum sitzt du in den Ecken des Saals und tanzt nicht in der Mitte? Du hast mich aufmerksam auf dich gemacht. Alle springen, und du bleibst ruhig dabei. Warum trägst du Röcke, während alle andern wie schlanke Knaben entkleidet sind?

MASKE. Ich tanze nicht.

KASSIERER. Du tanzt nicht wie die andern?

MASKE. Ich kann nicht tanzen.

KASSIERER. Nicht nach der Musik – taktmäßig. Das ist auch albern. Du weißt andere Tänze. Du verhüllst etwas unter deinen Kleidern – deine besonderen Sprünge, nicht in die Klammern von Takten und Schritten zu pressen. Eiligere Schwenkungen, die sind deine Spezialität. *Alles vom Tisch auf den Teppich schiebend.* Hier ist dein Tanzbrett. Spring auf. Im engen Bezirk dieser Tafel grenzenloser Tumult. Spring auf. Vom Teppich hüpf' auf. Mühelos. Von Spiralen gehoben, die in deinen Knöcheln federn. Spring. Stachle deine Fersen. Wölbe die Schenkel. Wehe deine Röcke auf über deinem Tanzbein.

MASKE *schmiegt sich im Polster an ihn.* Ich kann nicht tanzen.

KASSIERER. Du peitschst meine Spannung. Du weißt nicht, um was es geht. Du sollst es wissen. *Er zeigt ihr die Scheine.* Um alles!

MASKE *führt seine Hand an ihrem Bein herab.* Ich kann nicht.

KASSIERER *springt auf.* Ein Holzbein!! *Er fasst den Sektkühler und stülpt ihn ihr über.* Es soll Knospen treiben, ich begieße es!

MASKE. Jetzt sollen Sie was erleben!

KASSIERER. Ich will ja was erleben!

MASKE. Warten Sie hier! *Ab.*

KASSIERER *legt einen Schein auf den Tisch, nimmt Umhang und Stock, beeilt ab.*

Herren im Frack kommen.

EIN HERR. Wo ist der Kerl?

EIN HERR. Den Kumpan wollen wir uns näher ansehen.

EIN HERR. Uns erst die Mädchen ausspannen –

EIN HERR. Mit Sekt und Kaviar auftrumpfen –

EIN HERR. Hinterher beschimpfen –

EIN HERR. Das Bürschchen werden wir uns kaufen –

EIN HERR. Wo steckt er?

EIN HERR. Abgeräumt!

EIN HERR. Ausgebrannt!

EIN HERR. Der Kavalier hat Lunte gerochen.

EIN HERR *den Schein entdeckend.* Ein Tausender.

EIN HERR. Donnerkeil.

EIN HERR. Draht muss er haben.

EIN HERR. Ist das die Zeche?

EIN HERR. Ach was, durchgegangen ist er. Den Bräunling machen wir unsichtbar.

Er steckt ihn ein.

EIN HERR. Das ist die Entschädigung.

EIN HERR. Die Mädchen hat er uns ausgespannt.

EIN HERR. Lasst doch die Weiber sitzen.

EIN HERR. Die sind ja doch besoffen.

EIN HERR. Die bedrecken uns bloß unsere Fräcke.

EIN HERR. Wir ziehen in ein Bordell und pachten den Bums drei Tage.

MEHRERE HERREN. Bravo. Los. Verduften wir. Achtung, der Kellner kommt.

KELLNER *mit vollbesetztem Servierbrett; vorm Tisch bestürzt.*

EIN HERR. Suchen Sie jemanden?

EIN HERR. Servieren Sie ihm doch unter dem Tisch weiter.

Gelächter.

KELLNER *ausbrechend.* Der Sekt – das Souper – das reservierte Zimmer – nichts ist bezahlt. Vier Flaschen Pommery – zwei Portionen Kaviar – zwei Extramenus – ich muss für alles aufkommen. Ich habe Frau und Kinder. Ich bin seit vier Monaten ohne Stellung gewesen. Ich hatte mir eine schwache Lunge zugezogen. Sie können mich doch nicht unglücklich machen, meine Herren?

EIN HERR. Was geht uns denn Ihre Lunge an? Frau und Kinder haben wir alle. Was wollen Sie denn von uns? Sind wir Ihnen denn etwa durch die Lappen gebrannt? Was denn?

EIN HERR. Was ist denn das überhaupt für ein Lokal? Wo sind wir denn hier? Das ist ja eine hundsgemeine Zechprellerbude. In solche Gesellschaft locken Sie Gäste? Wir sind anständige Gäste, die bezahlen, was sie saufen. Wie? Oder wie?

EIN HERR *der den Schlüssel in der Tür umgesteckt hatte.* Sehen Sie doch mal hinter sich. Da haben Sie unsere Zeche auch!

Er versetzt dem Kellner, der sich umgewandt hatte, einen Stoß in den Rücken.

KELLNER *taumelt vornüber, fällt auf den Teppich.*

HERREN *ab.*

KELLNER *richtet sich auf, läuft zur Tür, findet sie verschlossen. Mit den Fäusten auf das Holz schlagend.* Lasst mich heraus – ihr sollt nicht bezahlen – ich springe ins Wasser!

Lokal der Heilsarmee – zur Tiefe gestreckt, abgefangen von gelbem Vorhang mit aufgenähtem schwarzen Kreuz, groß, um einen Menschen aufzunehmen. Auf dem Podium rechts Bußbank – links die Posaunen und Kesselpauken. Dicht besetzte Bankreihen. Über allem Kronleuchter mit Gewirr von Drähten für elektrische Lampen. Vorn Saaltür. Musik der Posaunen und Kesselpauken. Aus einer Ecke Händeklatschen und Gelächter.

SOLDAT *Mädchen – geht dahin und setzt sich zu dem Lärmmacher – einem Kommis – nimmt seine Hände und flüstert auf ihn ein.*

JEMAND *aus der andern Ecke.* Immer dicht an.

SOLDAT *Mädchen – geht zu diesem, einem jugendlichen Arbeiter.*

ARBEITER. Was wollen Sie denn?

SOLDAT *sieht ihn kopfschüttelnd ernst an.*

Gelächter.

OFFIZIER *Frau – oben auftretend.* Ich habe euch eine Frage vorzulegen.

Einige zischen zur Ruhe.

ANDERE *belustigt.* Lauter reden. Nicht reden. Musik. Pauke. Posaunenengel.

EINER. Anfangen.

ANDERER. Aufhören.

OFFIZIER. Warum sitzt ihr auf den Bänken unten?

EINER. Warum nicht?

OFFIZIER. Ihr füllt sie bis auf den letzten Platz. Einer stößt gegen den andern. Trotzdem ist eine Bank leer.

EINER. Nichts zu machen.

OFFIZIER. Warum bleibt ihr unten, wo ihr euch drängen und drücken müsst? Ist es nicht widerwärtig, so im Gedränge zu sitzen? Wer kennt seinen Nachbar? Ihr reibt die Knie an ihm – und vielleicht ist jener krank. Ihr seht in sein Gesicht – und vielleicht wohnen hinter seiner Stirn mörderische Gedanken. Ich weiß es, es sind viele Kranke und Verbrecher in diesem Saal. Kranke und Verbrecher kommen herein und sitzen neben allen. Darum warne ich euch! Hütet euch vor eurem Nachbar in den Bänken. Die Bänke da unten tragen Kranke und Verbrecher!

EINER. Meinen Sie mir oder mich?

OFFIZIER. Ich weiß es und rate euch: Trennt euch von eurem Nachbar, so lautet die Mahnung. Krankheit und Verbrechen sind allgemein in dieser asphaltenen Stadt. Wer von euch ist ohne Aussatz? Eure Haut kann weiß und glatt sein, aber eure Blicke verkünden euch. Ihr habt die Augen nicht, um zu sehen – eure Augen sind offen, euch zu verraten. Ihr verratet euch selbst. Ihr seid schon nicht mehr frei von der großen Seuche. Die Ansteckung ist stark. Ihr habt zu lange in schlimmer Nachbarschaft gesessen. Darum, wenn ihr nicht sein wollt wie euer Nachbar in dieser asphaltenen Stadt, tretet aus den Bänken. Es ist die letzte Mahnung. Tut Buße. Tut Buße. Kommt herauf, kommt auf die Bußbank. Kommt auf die Bußbank. Kommt auf die Bußbank!

Die Posaunen und Kesselpauken setzen ein.

MÄDCHEN *führt Kassierer herein.*

KASSIERER *im Ballanzug erregt einige Aufmerksamkeit.*

MÄDCHEN *weist Kassierer Platz an, setzt sich zu ihm und gibt ihm Erklärungen.*
KASSIERER *sieht sich amüsiert um.*

Musik hört auf. Spöttisches lautes Bravoklatschen.

OFFIZIER *wieder oben auftretend.* Lasst euch von unserm Kameraden erzählen, wie er den Weg zur Bußbank fand.
SOLDAT *jüngerer Mann – tritt auf.*
EINER. So siehst du aus.

Gelächter.

SOLDAT. Ich will euch berichten von meiner Sünde. Ich führte ein Leben, ohne an meine Seele zu denken. Ich dachte nur an den Leib. Ich stellte ihn gleichsam vor die Seele auf und machte den Leib immer stärker und breiter davor. Die Seele war ganz verdeckt dahinter. Ich suchte mit meinem Leib den Ruhm und wusste nicht, dass ich nur den Schatten höher reckte, in dem die Seele verdorrte. Meine Sünde war der Sport. Ich übte ihn ohne eine Stunde der Besinnung. Ich war eitel auf die Schnelligkeit meiner Füße in den Pedalen, auf die Kraft meiner Arme an der Lenkstange. Ich vergaß alles, wenn die Zuschauer um mich jubelten. Ich verdoppelte meine Anstrengung und wurde in allen Kämpfen, die mit dem Leib geführt werden, erster Sieger. Mein Name prangte an allen Plakaten, auf Bretterzäunen, auf Millionen bunter Zettel. Ich wurde Weltchampion. Endlich mahnte mich meine Seele. Sie verlor die Geduld. Bei einem Wettkampf stürzte ich. Ich verletzte mich nur leicht. Die Seele wollte mir Zeit zur Umkehr lassen. Die Seele ließ mir noch Kraft zu einem Ausweg. Ich ging von den Bänken im Saal herauf zur Bußbank. Da hatte meine Seele Ruhe, zu mir zu sprechen. Und was sie mir erzählt, das kann ich hier nicht berichten. Es ist zu wunderschön und meine Worte sind zu schwach, das zu schildern. Ihr müsst selbst heraufkommen und es in euch hören.

Er tritt beiseite.

EINER *lacht unflätig.*
MEHRERE *zischen zur Ruhe.*
MÄDCHEN *leise zum Kassierer.* Hörst du ihn?

KASSIERER. Stören Sie mich nicht.

OFFIZIER. Ihr habt die Erzählung unseres Kameraden gehört. Klingt sie nicht verlockend! Kann man etwas Schöneres gewinnen als seine Seele? Und es geht ganz leicht, denn sie ist ja in euch. Ihr müsst ihr nur einmal Ruhe gönnen. Sie will einmal still bei euch sitzen. Auf dieser Bank sitzt sie am liebsten. Es ist gewiss einer unter euch, der sündigte, wie unser Kamerad getan. Dem will unser Kamerad helfen. Dem hat er den Weg eröffnet. Nun komm. Komm zur Bußbank. Komm zur Bußbank. Komm zur Bußbank!

Es herrscht Stille.

EINER *kräftiger, junger Mann, einen Arm im Verband, steht in einer Saalecke auf, durchquert verlegen lächelnd den Saal und ersteigt das Podium.*

EINER *unflätige Zote.*

ANDERE *entrüstet.* Wer ist der Flegel?

DER RUFER *steht auf, strebt beschämt zur Tür.*

EINER. Das ist der Lümmel.

SOLDAT *Mädchen – eilt zu ihm und führt ihn auf seinen Platz zurück.*

EINER. Nicht so zart anfassen.

MEHRERE. Bravo!

JENER *auf dem Podium, anfangs unbeholfen.* Die asphaltene Stadt hat eine Halle errichtet. In der Sporthalle bin ich gefahren. Ich bin Radfahrer. Ich fahre das Sechstagerennen mit. In der zweiten Nacht bin ich von einem andern Fahrer angefahren. Ich brach den Arm. Ich musste ausscheiden. Das Rennen rast weiter – ich habe Ruhe. Ich kann mich auf alles in Ruhe besinnen. Ich habe mein Leben lang ohne Besinnen gefahren. Ich will mich auf alles besinnen – auf alles. *Stark.* Auf meine Sünden will ich mich auf der Bußbank besinnen!

Vom Soldat hingeführt, sinkt er auf die Bank. Soldat bleibt eng neben ihm.

OFFIZIER. Eine Seele ist gewonnen!

Posaunen und Pauken schallen. Auch die im Saale verteilten
Soldaten haben sich erhoben und jubeln, die Arme ausbreitend.
Musik hört auf.

MÄDCHEN *zum Kassierer*. Siehst du ihn?

KASSIERER. Das Sechstagerennen.

MÄDCHEN. Was flüsterst du?

KASSIERER. Meine Sache. Meine Sache.

MÄDCHEN. Bist du bereit?

KASSIERER. Schweigen Sie doch.

OFFIZIER *auftretend*. Jetzt will euch dieser Kamerad berichten.

EINER *zischt*.

VIELE. Ruhe!

SOLDAT *Mädchen – auftretend*. Wessen Sünde ist meine Sünde? Ich
will euch von mir ohne Scham erzählen. Ich hatte ein Elternhaus,
in dem es wüst und gemein zuging. Der Mann – er war mein Vater
nicht – trank. Meine Mutter gab sich feinen Herren hin. Ich erhielt
von meiner Mutter Geld, so viel ich haben wollte. Von dem Manne
Schläge, so viel ich nicht haben wollte.

Gelächter.

Niemand passte mir auf und ich mir am wenigsten. So wurde ich
eine Verlorene. Denn ich wusste damals nicht, dass die wüsten
Zustände zu Hause nur dazu bestimmt waren, dass ich besser auf
meine Seele achten sollte und mich ganz ihr widmen. Ich erfuhr
es in einer Nacht. Ich hatte einen Herrn bei mir und er verlangte,
dass wir mein Zimmer dunkel machten. Ich drehte das Licht aus,
obwohl ich es nicht so gewöhnt war. Später, als wir zusammen
waren, verstand ich seine Forderung. Denn ich fühlte nur den
Rumpf eines Mannes bei mir, an dem die Beine abgeschnitten
waren. Das sollte ich vorher nicht sehen. Er hatte Holzbeine, die
er sich heimlich abgeschnallt hatte. Da fasste mich das Entsetzen
und ließ mich nicht wieder los. Meinen Leib hasste ich – nur
meine Seele konnte ich noch lieben. Nun liebe ich nur noch meine
Seele. Sie ist so vollkommen, dass sie das Schönste ist, was ich
weiß. Ich weiß zu viel von ihr, dass ich es nicht alles sagen kann.
Wenn ihr eure Seele fragt, da wird sie euch alles – alles sagen.

Sie tritt beiseite. – Stille im Saal.

OFFIZIER *auftretend.* Ihr habt die Erzählung dieses Kameraden gehört. Seine Seele bot sich ihm an. Er wies sie nicht ab. Nun erzählt er von ihr mit frohem Munde. Bietet sich nicht einem zwischen euch jetzt seine Seele? Lass sie doch zu dir. Lass sie reden und erzählen, auf dieser Bank ist sie ungestört. Komm zur Bußbank. Komm zur Bußbank!

In den Bänken Bewegung, man sieht sich um.

KOKOTTE *ältlich, ganz vorne, beginnt noch unten in den Saal zu reden.* Was denken Sie von mir, meine Herren und Damen? Ich bin hier nur untergetreten, weil ich mich auf der Straße müde gelaufen hatte. Ich geniere mich gar nicht. Ich kenne dies Lokal gar nicht. Ich bin das erste Mal hier. Ich bin rein per Zufall anwesend.

Nun oben.

Aber Sie irren sich darin, meine Herren und Damen, wenn Sie glauben sollten, dass ich mir das ein zweites Mal hätte sagen lassen sollen. Ich danke für diese Zumutung. Wenn Sie mich hier sehen – bitte – Sie können mich von oben bis unten betrachten, wie es Ihnen beliebt – mustern Sie mich bitte mit Ihren Blicken eingehend, ich vergebe mir damit nicht das Geringste. Ich geniere mich gar nicht. Sie werden diesen Anblick nicht das zweite Mal in dieser Weise genießen können. Sie werden sich bitter täuschen, wenn Sie glauben, mir auch meine Seele abkaufen zu können. Die habe ich noch niemals verkauft. Man hätte mir viel bieten können, aber meine Seele war mir denn doch nicht feil. Ich danke Ihnen, meine verehrten Herrschaften, für alle Komplimente. Sie werden mich auf der Straße nicht mehr treffen. Ich habe nicht eine Minute frei für Sie, meine Seele lässt mir keine Ruhe mehr. Ich danke bestens, meine Herrschaften, ich geniere mich gar nicht, aber nein.

Sie hat den Hut heruntergenommen. Jener Soldat geleitet sie zur Bußbank.

OFFIZIER. Eine Seele ist gewonnen!

Pauken und Posaunen. Jubel der Soldaten.

MÄDCHEN *zum Kassierer*. Hörst du alles?

KASSIERER. Meine Sache. Meine Sache.

MÄDCHEN. Was summst du vor dich hin?

KASSIERER. Das Holzbein.

MÄDCHEN. Bist du bereit?

KASSIERER. Noch nicht. Noch nicht.

EINER *in Saalmitte stehend*. Was ist meine Sünde? Ich will meine Sünde hören.

OFFIZIER *auftretend*. Unser Kamerad will euch erzählen.

EINIGE *erregt*. Hinsetzen. Stille. Erzählen.

SOLDAT *älterer Mann*. Lasst euch von mir berichten. Es ist eine alltägliche Geschichte, weiter nichts. Darum wurde sie meine Sünde. Ich hatte eine gemütliche Wohnung, eine zutrauliche Familie, eine bequeme Beschäftigung – es ging immer alltäglich bei mir zu. Wenn ich abends zwischen den Meinen am Tisch unter der Lampe saß und meine Pfeife schmauchte, dann war ich zufrieden. Ich wünschte niemals eine Veränderung in meinem Leben. Dennoch kam sie. Den Anstoß dazu weiß ich nicht mehr – oder ich wusste ihn nie. Die Seele tut sich auch ohne besondere Erschütterung kund. Sie kennt ihre Stunde und benutzt sie. Ich konnte jedenfalls nicht ihre Mahnung überhören. Meine Trägheit wehrte sich im Anbeginn wohl gegen sie, aber sie war mächtiger. Das fühlte ich mehr und mehr. Die Seele allein konnte mir dauernde Zufriedenheit schaffen. Und auf Zufriedenheit war ich ja mein Lebtag bedacht. Jetzt finde ich sie nicht mehr am Tisch mit der Lampe und mit der langen Pfeife im Munde, sondern allein auf der Bußbank. Das ist meine ganz alltägliche Geschichte.

Er tritt beiseite.

OFFIZIER *auftretend*. Unser Kamerad hat euch – –

EINER *schon kommend*. Meine Sünde!

Oben.

Ich bin Familienvater. Ich habe zwei Töchter. Ich habe meine Frau. Ich habe meine Mutter noch. Wir wohnen alle in drei Stuben. Es ist ganz gemütlich bei uns. Meine Töchter – eine spielt Klavier – eine stickt. Meine Frau kocht. Meine Mutter begießt die Blumentöpfe hinterm Fenster. Es ist urgemütlich bei uns. Es ist die Gemütlichkeit selbst. Es ist herrlich bei uns – großartig – vorbildlich – praktisch – musterhaft – –

Verändert.

Es ist ekelhaft – entsetzlich – es stinkt da es ist armselig – vollkommen durch und durch armselig mit dem Klavierspielen – mit dem Sticken – mit dem Kochen – mit dem Blumenbegießen –

Ausbrechend.

Ich habe eine Seele! Ich habe eine Seele! Ich habe eine Seele. Ich habe eine Seele!

Er taumelt zur Bußbank.

OFFIZIER. Eine Seele ist gewonnen!

Posaunen und Pauken. Hoher Tumult im Saal.

VIELE *nach den Posaunen und Pauken aufrecht, auch auf den Bänken aufrecht.* Was ist meine Sünde? Was ist meine Sünde? Ich will meine Sünde wissen! Ich will meine Sünde wissen!
OFFIZIER *auftretend.* Unser Kamerad will euch erzählen.

Tiefe Stille.

MÄDCHEN. Siehst du ihn?
KASSIERER. Meine Töchter. Meine Frau. Meine Mutter.
MÄDCHEN. Was murmelst und flüsterst du immer?
KASSIERER. Meine Sache. Meine Sache. Meine Sache.
MÄDCHEN. Bist du bereit?
KASSIERER. Noch nicht. Noch nicht. Noch nicht.
SOLDAT *in mittleren Jahren, auftretend.* Meiner Seele war es nicht leicht gemacht, zu triumphieren. Sie musste mich hart anfassen und rütteln. Schließlich gebrauchte sie das schwerste Mittel. Sie schickte mich ins Gefängnis. Ich hatte in die Kasse, die mir anvertraut war, gegriffen und einen großen Betrag defraudiert. Ich wurde abgefasst und verurteilt. Da hatte ich in der Zelle Rast. Das hatte die Seele abgewartet. Und nun konnte sie endlich frei zu mir sprechen. Ich musste ihr zuhören. Es wurde die schönste Zeit

meines Lebens in der einsamen Zelle. Und als ich herauskam, wollte ich nur noch mit meiner Seele verkehren. Ich suchte nach einem stillen Platz für sie. Ich fand ihn auf der Bußbank und finde ihn täglich, wenn ich eine schöne Stunde genießen will!

Er tritt beiseite.

OFFIZIER *auftretend.* Unser Kamerad hat euch von seinen schönen Stunden auf der Bußbank erzählt. Wer ist zwischen euch, der sich aus dieser Sünde heraussehnt? Wessen Sünde ist diese, von der er sich in Fröhlichkeit hier ausruht? Hier ist Ruhe für ihn. Komm zur Bußbank!

ALLE *im Saal schreiend und winkend.* Das ist niemandes Sünde hier! Das ist niemandes Sünde hier! Ich will meine Sünde hören!! Meine Sünde!! Meine Sünde!! Meine Sünde!!

MÄDCHEN *durchdringend.* Was rufst du?

KASSIERER. Die Kasse.

MÄDCHEN *ganz drängend.* Bist du bereit?

KASSIERER. Jetzt bin ich bereit!

MÄDCHEN *sich an ihn hängend.* Ich führe dich hin. Ich stehe dir bei. Ich stehe immer bei dir. *Ekstatisch in den Saal.* Eine Seele will laut werden. Ich habe diese Seele gesucht. Ich habe diese Seele gesucht.

Lärm ebbt. Ruhe surrt.

KASSIERER *oben, Mädchen an ihm.* Ich bin seit diesem Vormittag auf der Suche. Ich hatte Anstoß bekommen, auf die Suche zu gehen. Es war ein allgemeiner Aufbruch ohne mögliche Rückkehr - Abbruch aller Brücken. So war ich auf dem Marsche seit dem Vormittag. Ich will euch mit den Stationen nicht aufhalten, an denen ich mich nicht aufhielt. Sie lohnten alle meinen entscheidenden Aufbruch nicht. Ich marschierte rüstig weiter - prüfenden Blicks, tastender Finger, wählenden Kopfs. Ich ging an allem vorüber. Station hinter Station versank hinter meinem wandernden Rücken. Dies war es nicht, das war es nicht, das nächste nicht, das vierte - fünfte nicht! Was ist es? Was ist es nun, das diesen vollen Einsatz lohnt? - - Dieser Saal! Von Klängen durchbraust - von Bänken bestellt. Dieser Saal! Von diesen Bänken steigt es auf - dröhnt Erfüllung. Von Schlacken befreit lobt sie sich hoch hinauf – ausgeschmolzen aus diesen glühenden zwei Tiegeln: Bekenntnis und Buße! Da steht es wie ein glänzender Turm – fest und hell: Bekenntnis und Buße! Ihr schreit sie, euch will ich meine Geschichte erzählen.

MÄDCHEN. Sprich. Ich stehe bei dir. Ich stehe immer bei dir!

KASSIERER. Ich bin seit diesem Morgen unterwegs. Ich bekenne: Ich habe mich an der Kasse vergriffen, die mir anvertraut war. Ich bin Bankkassierer. Eine große runde Summe: sechzigtausend! Ich flüchtete damit in die asphaltene Stadt. Jetzt werde ich jedenfalls verfolgt – eine Belohnung ist wohl auf meine Festnahme gesetzt. Ich verberge mich nicht mehr, ich bekenne. Mit keinem Geld aus allen Bankkassen der Welt kann man sich irgendwas von Wert kaufen. Man kauft immer weniger, als man bezahlt. Und je mehr man bezahlt, umso geringer wird die Ware. Das Geld verschlechtert den Wert. Das Geld verhüllt das Echte – das Geld ist der armseligste Schwindel unter allem Betrug!

Er holt es aus den Fracktaschen.

Dieser Saal ist der brennende Ofen, den eure Verachtung für alles Armselige heizt. Euch werfe ich es hin, ihr zerstampft es im Augenblick unter euren Sohlen. Da ist etwas von dem Schwindel aus der Welt geschafft. Ich gehe durch eure Bänke und stelle mich dem nächsten Schutzmann: Ich suche nach dem Bekenntnis die Buße! So wird es vollkommen!

Er schleudert aus Glacéhänden Scheine und Geldstücke in den Saal. Die Scheine flattern noch auf die Verdutzten im Saal nieder, die Stücke rollen unter sie. Dann ist heißer Kampf um das Geld entbrannt. In ein kämpfendes Knäuel ist die Versammlung verstrickt. Vom Podium stürzen die Soldaten von ihren Musikinstrumenten in den Saal, die Bänke werden umgestoßen, heisere Rufe schwirren, Fäuste klatschen auf Leiber. Schließlich wälzt sich der verkrampfte Haufe zur Tür und rollt hinaus.

MÄDCHEN *das am Kampfe nicht mit teilgenommen hatte, steht allein inmitten der umgeworfenen Bänke.*

KASSIERER *sieht lächelnd das Mädchen an.* Du stehst bei mir – du stehst immer bei mir!

Er bemerkt die verlassenen Pauken, nimmt zwei Schlägel.

Weiter.

Kurzer Wirbel.

Von Station zu Station.

Einzelne Paukenschläge nach Satzgruppen.

Menschenscharen dahinten. Gewimmel verronnen. Ausgebreitete Leere. Raum geschaffen. Raum. Raum!

Wirbel.

Ein Mädchen steht da. Aus verlaufenen Fluten – aufrecht – verharrend!

Wirbel.

Mädchen und Mann. Uralte Gärten aufgeschlossen. Entwölkter Himmel. Stimme aus Baumwipfelstille. Wohlgefallen.

Wirbel.

Mädchen und Mann – ewige Beständigkeit. Mädchen und Mann – Fülle im Leeren. Mädchen und Mann – vollendeter Anfang. Mädchen und Mann – Keim und Krone. Mädchen und Mann – Sinn und Ziel und Zweck.

Paukenschlag nach Paukenschlag, nun beschließt ein endloser Wirbel.

MÄDCHEN *zieht sich nach der Tür zurück, verschwindet.*
KASSIERER *verklingender Wirbel.*
MÄDCHEN *reißt die Tür auf. Zum Schutzmann, nach Kassierer weisend.* Da ist er. Ich habe ihn Ihnen gezeigt. Ich habe die Belohnung verdient!
KASSIERER *aus erhobenen Händen die Schlägel fallen lassend.* Hier stehe ich. Oben stehe ich. Zwei sind zu viel. Der Raum fasst nur einen. Einsamkeit ist Raum. Raum ist Einsamkeit. Kälte ist Sonne.

Sonne ist Kälte. Fiebernd blutet der Leib. Fiebernd friert der Leib. Felder öde. Eis im Wachsen. Wer entrinnt? Wo ist der Ausgang?

SCHUTZMANN. Hat der Saal andere Türen?

MÄDCHEN. Nein.

KASSIERER *wühlt in seiner Tasche.*

SCHUTZMANN. Er fasst in die Tasche. Drehen Sie das Licht aus. Wir bieten ihm ein Ziel.

MÄDCHEN *tut es.*

Bis auf eine Lampe verlöscht der Kronleuchter. Die Lampe beleuchtet nun die hellen Drähte der Krone derart, dass sie ein menschliches Gerippe zu bilden scheinen.

KASSIERER *linke Hand in der Brusttasche vergrabend, mit der rechten eine Posaune ergreifend und gegen den Kronleuchter blasend.* Entdeckt!

Posaunenstoß.

In schneelastenden Zweigen verlacht – jetzt im Drahtgewirr des Kronleuchters bewillkommt!

Posaunenstöße.

Ich melde dir meine Ankunft!

Posaunenstoß.

Ich habe den Weg hinter mir. In steilen Kurven steigend keuche ich herauf. Ich habe meine Kräfte gebraucht. Ich habe mich nicht geschont!

Posaunenstoß.

Ich habe es mir schwer gemacht und hätte es so leicht haben können – oben im Schneebaum, als wir auf **einem** Ast saßen. Du hättest mir ein wenig dringlicher zureden sollen. Ein Fünkchen Erleuchtung hätte mir geholfen und mir die Strapazen erspart. Es gehört ja so lächerlich wenig Verstand dazu!

Posaunenstoß.

Warum stieg ich nieder? Warum lief ich den Weg? Wohin laufe ich noch?

Posaunenstöße.

Zuerst sitzt er da – knochennackt! Zuletzt sitzt er da – knochennackt! Von morgens bis mitternachts rase ich im Kreise – nun zeigt sein fingerhergewinktes Zeichen den Ausweg – – wohin?!!

Er zerschießt die Antwort in seine Hemdbrust. Die Posaune stirbt
mit dünner werdendem Ton an seinem Mund hin.

SCHUTZMANN. Drehen Sie das Licht wieder an.
MÄDCHEN *tut es.*

Im selben Augenblick explodieren knallend alle Lampen.

KASSIERER *ist mit ausgebreiteten Armen gegen das aufgenähte Kreuz*
des Vorhangs gesunken. Sein Ächzen hüstelt wie ein Ecce – sein
Hauchen surrt wie ein Homo.
SCHUTZMANN. Es ist ein Kurzschluss in der Leitung.

Es ist ganz dunkel.

Karl-Maria Guth (Hg.)

Erzählungen der Frühromantik

HOFENBERG

Karl-Maria Guth (Hg.)

Erzählungen der Hochromantik

HOFENBERG

Karl-Maria Guth (Hg.)

Erzählungen der Spätromantik

HOFENBERG

Erzählungen der Frühromantik

1799 schreibt Novalis seinen Heinrich von Ofterdingen und schafft mit der blauen Blume, nach der der Jüngling sich sehnt, das Symbol einer der wirkungsmächtigsten Epochen unseres Kulturkreises. Ricarda Huch wird dazu viel später bemerken: »Die blaue Blume ist aber das, was jeder sucht, ohne es selbst zu wissen, nenne man es nun Gott, Ewigkeit oder Liebe.«

Tieck Peter Lebrecht **Günderrode** Geschichte eines Braminen **Novalis** Heinrich von Ofterdingen **Schlegel** Lucinde **Jean Paul** Des Luftschiffers Giannozzo Seebuch **Novalis** Die Lehrlinge zu Sais
ISBN 978-3-8430-1878-4, 416 Seiten, 29,80 €

Erzählungen der Hochromantik

Zwischen 1804 und 1815 ist Heidelberg das intellektuelle Zentrum einer Bewegung, die sich von dort aus in der Welt verbreitet. Individuelles Erleben von Idylle und Harmonie, die Innerlichkeit der Seele sind die zentralen Themen der Hochromantik als Gegenbewegung zur von der Antike inspirierten Klassik und der vernunftgetriebenen Aufklärung.

Chamisso Adelberts Fabel **Jean Paul** Des Feldpredigers Schmelzle Reise nach Flätz **Brentano** Aus der Chronika eines fahrenden Schülers **Motte Fouqué** Undine **Arnim** Isabella von Ägypten **Chamisso** Peter Schlemihls wundersame Geschichte **Hoffmann** Der Sandmann **Hoffmann** Der goldne Topf
ISBN 978-3-8430-1879-1, 408 Seiten, 29,80 €

Erzählungen der Spätromantik

Im nach dem Wiener Kongress neugeordneten Europa entsteht seit 1815 große Literatur der Sehnsucht und der Melancholie. Die Schattenseiten der menschlichen Seele, Leidenschaft und die Hinwendung zum Religiösen sind die Themen der Spätromantik.

Brentano Die drei Nüsse **Brentano** Geschichte vom braven Kasperl und dem schönen Annerl **Hoffmann** Das steinerne Herz **Eichendorff** Das Marmorbild **Arnim** Die Majoratsherren **Hoffmann** Das Fräulein von Scuderi **Tieck** Die Gemälde **Hauff** Phantasien im Bremer Ratskeller **Hauff** Jud Süss **Eichendorff** Viel Lärmen um Nichts **Eichendorff** Die Glücksritter
ISBN 978-3-8430-1880-7, 440 Seiten, 29,80 €

Karl-Maria Guth (Hg.)

**Dekadente
Erzählungen**

HOFENBERG

Karl-Maria Guth (Hg.)

**Erzählungen aus dem
Sturm und Drang**

HOFENBERG

Karl-Maria Guth (Hg.)

**Erzählungen aus dem
Sturm und Drang II**

HOFENBERG

Dekadente Erzählungen

Im kulturellen Verfall des Fin de siècle wendet sich die Dekadenz ab von der Natur und dem realen Leben, hin zu raffinierten ästhetischen Empfindungen zwischen ausschweifender Lebenslust und fatalem Überdruss. Gegen Moral und Bürgertum frönt sie mit überfeinen Sinnen einem subtilen Schönheitskult, der die Kunst nichts anderem als ihr selbst verpflichtet sieht.

Rainer Maria Rilke Die Aufzeichnungen des Malte Laurids Brigge **Joris-Karl Huysmans** Gegen den Strich **Hermann Bahr** Die gute Schule **Hugo von Hofmannsthal** Das Märchen der 672. Nacht **Rainer Maria Rilke** Die Weise von Liebe und Tod des Cornets Christoph Rilke

ISBN 978-3-8430-1881-4, 412 Seiten, 29,80 €

Erzählungen aus dem Sturm und Drang

Zwischen 1765 und 1785 geht ein Ruck durch die deutsche Literatur. Sehr junge Autoren lehnen sich auf gegen den belehrenden Charakter der - die damalige Geisteskultur beherrschenden - Aufklärung. Mit Fantasie und Gemütskraft stürmen und drängen sie gegen die Moralvorstellungen des Feudalsystems, setzen Gefühl vor Verstand und fordern die Selbstständigkeit des Originalgenies.

Jakob Michael Reinhold Lenz Zerbin oder Die neuere Philosophie **Johann Karl Wezel** Silvans Bibliothek oder die gelehrten Abenteuer **Karl Philipp Moritz** Andreas Hartknopf. Eine Allegorie **Friedrich Schiller** Der Geisterseher **Johann Wolfgang Goethe** Die Leiden des jungen Werther **Friedrich Maximilian Klinger** Fausts Leben, Taten und Höllenfahrt

ISBN 978-3-8430-1882-1, 476 Seiten, 29,80 €

Erzählungen aus dem Sturm und Drang II

Johann Karl Wezel Kakerlak oder die Geschichte eines Rosenkreuzers **Gottfried August Bürger** Münchhausen **Friedrich Schiller** Der Verbrecher aus verlorener Ehre **Karl Philipp Moritz** Andreas Hartknopfs Predigerjahre **Jakob Michael Reinhold Lenz** Der Waldbruder **Friedrich Maximilian Klinger** Geschichte eines Teutschen der neusten Zeit

ISBN 978-3-8430-1883-8, 436 Seiten, 29,80 €